抱　朴

抱

朴

孙権

方北辰 ◎ 著

半生明主的
长恨歌

上海古籍出版社

图书在版编目（CIP）数据

孙权：半生明主的长恨歌 / 方北辰著. —上海：
上海古籍出版社, 2024.5
（方北辰说三国）
ISBN 978－7－5732－1136－1

Ⅰ.①孙… Ⅱ.①方… Ⅲ.①孙权（182–252）–传
记 Ⅳ.①K827=363

中国国家版本馆CIP数据核字（2024）第078992号

方北辰说三国
孙权：半生明主的长恨歌
方北辰　著

上海古籍出版社出版发行

（上海市闵行区景路 159 弄 1-5 号 A 座 5F　邮政编码 201101）

（1）网址：www. guji. com. cn

（2）E-mail：guji1 @ guji. com. cn

（3）易文网网址：www. ewen. co

浙江临安曙光印务有限公司印刷

开本 787×1092　1/32　印张 10.125　插页 6　字数 169,000

2024 年 5 月第 1 版　2024 年 5 月第 1 次印刷

ISBN 978－7－5732－1136－1

K·3585　定价：58.00 元

如有质量问题，请与承印公司联系

自　序

古语说得好，开卷有益。而开卷读三国，纵观历史风云变幻，品味英雄奋斗人生，从而开阔眼界，洞察人性，增长智慧，提升能力，确实可以获益良多。

孙权字仲谋，乃孙吴皇朝的开国皇帝，是继越王勾践之后，锦绣江南出现的第二位英雄霸主。当他完全凭借乃父孙坚、乃兄孙策所创基业当上江东君主之时，才是十九岁的小伙子，是那个时代货真价实的"小年轻"兼"官二代"。

他是后世青年人的镜子，因为他没有去"炫富"，去"啃老"，去招摇过市，虚耗青春，而是志向高远，凭借超人的

"忍耐"品格，还有抓紧时间进行读书充电的明智，得以从容周旋于曹魏、蜀汉两大对手之间，时而放胆攻击威震天下的曹操，时而俯首麻痹虚荣短视的曹丕，时而翻脸偷袭骄傲自大的关羽，时而动手抗御倾力复仇的刘备，而这一切的目的都很明确，就是要不辜负乃父、乃兄给自己留下来的大好基业。赤壁鏖战前夕曹操数十万大军压境之际，他一句"孤与老贼，势不两立"的决断性话语，千载之后读来犹有振聋发聩的金石之声。

他又是后世老年人的镜子，因为他在治国方面虽然成就多多，却不幸在修身和齐家方面犯了老年封建君王的通病，把家事与国事胡乱搅在一起，偏听偏信，疑神疑鬼，宠着娇妻，惯着爱子，还在选择辅政大臣上完全看走了眼，终于为孙吴的大好江山，也为自己的诸多儿孙，种下了巨大的覆亡祸根，等于是又亲手把自己艰难打造成功的宏大基业给毁掉了。

本书描绘了他年轻时期的英武决断，抗衡曹操，扬威长江，也记录了他老年时期的昏聩糊涂，自毁基业，悲剧收场。总之，这是一部半生明主黯然归天的长恨歌。

除孙权之外，这一套系列作品还包括吕布、袁绍、曹丕、刘备、陆逊与司马懿的个人评传。每部评传的净字数，大多不超过 15 万字，属于便携式的"口袋书"。这一套系列作品的基本定位，是具有坚实学术基础的大众化、通俗性读物。它不像史书《三国志》的文言表述那样艰深难懂，也不像小说《三国演义》那样多有虚构移植，失去历史的原真。我精心选取史学典籍的可靠素材，放手运用文学审美的生动笔法，二者有机结合，力求达到生动有趣、简明流畅、雅俗共赏、老少咸宜的既定水准。

作品针对的读者对象非常广泛，不仅适合众多热爱中华悠久历史文化的读者，而且特别适合身处现今激烈竞争社会，非常想从三国英雄创业竞争中吸取有益借鉴的打拼群体和年轻一代。

全书内容的创意设计，突出特色有三：

一是注意入选对象的代表性。将近百年的三国历史，分为酝酿阶段、正式阶段。上述评传中的吕布、袁绍，是汉末割据群雄中的领头人物，属于三国酝酿阶段的代表；而曹丕、刘备、孙权，分别是曹魏、蜀汉、孙吴三个鼎立皇朝的开朝皇帝，属于三国正式阶段的代表；至于陆逊、司马懿，不仅本身都是出将入相的文武全才，而且两人的儿子即司马师、司马昭、陆抗，都是决定三个鼎立皇朝最终命运的关键性人物，所以属于三国中后期的代表。在他们的创业过程中，又与多位著名英豪发生了密切关系。把这批代表和英豪集中在一起，充分描绘他们各自在三国舞台上的亮丽表演，并给予中肯的精彩点评，所以全书堪称是三国英豪的表演大会。

二是注意人选对象的重要性。上述七位传主，都是各个阶段的主导性人物，风云际会，龙虎相争，他们对三国时期历史的走向和格局产生了巨大的影响。他们的经历又彼此关联，相互衔接，完整呈现出三国历史发展的主要脉络和重要图景，所以全书又堪称是三国历史的趣味读本。

三是注意文化与历史的有机结合。首先，在评传的正文中，随时注意结合历史事实，探求背后隐藏的文化玄机。比如介绍三国君主最初所选定的年号，即曹丕的"黄初"，孙权的"黄武"和"黄龙"，刘备的"章武"时，就对为何前面两者都带有"黄"字，而后面的刘备却不带"黄"字的奥妙，运用汉代流行的"五德终始"思想文化理念，做出了清晰而可信的解读。其次，又对需要专门介绍的文化知识，集中撰写了《三国知识窗》的七个专篇，即轶闻篇、风俗篇、文化篇、政体篇、概况篇、军事篇、人物篇，分别放在每册评传的附录当中，从而给读者提供更加丰富、系统、真实、有趣的三国文化知识。读者结合正文去读知识窗，反过来又再读正文，必定会有更多的新收获。

　　总之，这套作品属于一个有机的多维度整体：既是三国英豪的表演大会，也是三国历史的趣味读本，还是三国文化的知识窗口。具有如此创意设计的系列性读物，相信会得到广大三国历史文化爱好者的欢迎。

　　我在大学从事三国学术研究，并持续将学术成果进行大众化的普及，至今已超过 40 年。因为深知学术普及的重要，所以坚持不懈；又深知学术普及的不易，所以锐意求新。谢谢诸位关注这套作品，让我们讲好三国的故事，并且将之传播到世界。

　　百年三国风云史，尽在静心展卷中！

方北辰

公元 2023 年 5 月于成都濯锦江畔双桐荫馆

目录

第一章
军功家世

　　这是汉献帝初平二年（191 年）的春天，一个月明风清之夜，荆州襄阳县（今湖北省襄阳市）城南岘山的崎岖山道之上，一位年约四十岁的中年将军，正率领指挥一支骑兵，催马穷追败逃的敌军。清脆的得得马蹄声，在寂静的山林中显得分外响亮。突然间，道旁的竹木深丛之中，齐刷刷地飞出了一支支强弓射出的利箭，其中的一支，不偏不倚正中这位将军的太阳穴。他只惨叫了一声，随就仰面落马而亡。这位将军不是别人，乃是大名鼎鼎的破虏将军兼豫州刺史孙坚。

　　九年之后，类似的悲剧再一次重演。汉献帝建安五年（200 年）初夏的一天，草长风柔，在扬州丹徒县（今江苏省镇江市东）城北长江边的沙洲之上，一名二十多岁的青年英俊将军正在捕猎。他的坐骑是一匹纯白色的宝马，跑起来四蹄生风，遥遥领先于手下的将士。就在他兴高采烈之际，冷不防从一座沙丘之后站起三名射手，一齐向他开弓发箭。其中一箭洞穿了青年将军的面颊，几天之后他就不治身死。这位死者也不是别人，竟然就是孙坚的长子，讨逆将军兼会稽郡太守孙策。

　　这两支无情的利箭，收取了孙家父子的性命，而无形之中却把孙氏家族中一位杰出的政治家，推上了历史的大舞台，使他得以在东汉末年群雄割据的乱世之中，做出了一番轰轰烈烈的宏大事业。这位政治人物，即是孙坚的次子孙权。

　　要想知道孙权做出了怎样的一番宏大事业，不可不先简略介绍他的家世。

　　在现今皖、浙两省交界地区的万山丛中，有一条迄今依然无比秀丽澄澈的江水向东流出，这就是闻名天下的富春江。富春江到了杭州之后，又名钱塘江。这条江水到达杭州前所流经的最后一个县，在东汉时的名字叫作富春（今浙江省杭州市富阳区）。这富春县的所在，端的是山清水秀，人杰地灵，而孙权的祖籍即在这里。

　　根据 2005 年当地文物工作者何春慰先生发表的调查报告，现今富阳区的地域之内，分布有孙氏宗族的众多后代，共有六个分支，人口总数超过了一万人。他们完整保存着多部孙氏宗族的珍贵家谱，包括总谱和分谱；还留下了许多古老的文化遗存，包括宗祠、家庙、厅堂、牌楼等建筑，以及碑刻和画像等。其中，场口镇的竹化村，全村居民都姓孙，珍藏的明代家谱一大箱，共有 57 大册，每册高 38 厘米，宽 27 厘米，华贵大气，被认为是难得一见的家谱范本。村中的孙氏宗祠"敦睦堂"，始建于清代乾隆年间，至今保持原貌，被列为富阳区文物保护单位。同样被列为富阳区文物保护单位的，还有下塘村的孙氏家庙，建筑宏伟精细，中堂高悬"东吴遗泽"的大匾，气象不凡。不过，人数最多的还要数龙门村，全村 2 000 多户，6 000 多人，姓孙的人数多达 5 700 多人，超过了 90%。村中保留有大小厅堂 30 多座，家族成员世系辈分清楚。龙门村现今称为龙门古镇，以"孙权故里"的文化品牌，每年吸引了大量游人来此考察观光。

　　陈寿的《三国志》中说，富春孙氏，自称是春秋时吴国大军事家孙武子之后代。但是，因为年代久远，考查无由，已经难以确定孙权父子，究竟是孙武子的多少代子孙了。即便富春孙氏的确是孙武子之后裔，到了东汉之时，也是世泽断绝，无复昔日的荣光。史书《宋书·符瑞志》上说，孙坚的祖父名叫孙钟，已经变成普通的农民，以种瓜为主业。民间流传着下面的奇葩故事，说是有一天，有三名少年到瓜园来向孙钟要瓜吃。孙钟为人忠厚，让三人大饱口福一顿。这三名少年临走时向孙钟说："此处山坡下有一处好墓地，入葬后儿孙中将有人做天子！"说完三人一起乘白鹤飞去。孙钟死前，如言吩咐家人将自己安葬在那里。结果，墓地上常有五色祥云升起。人们惊奇不已，都说孙氏后人将要兴旺发达了。后来，孙钟的妻子怀上了孙坚。一夜，她梦见自己的肠子从腹部滑出来，绕上城门足足有一圈。邻居一位老太婆听说之后，对她连连恭喜，说这是将生贵子的吉祥征兆。不久，一个容貌非凡的婴儿就降临到了人间。

传说虽很丰满，现实却很骨感。孙坚的少年时代，其实是在贫寒的苦日子中熬过来的，这一点与蜀汉的刘备非常之相似。不过，这位心怀大志的年轻小伙孙坚，并不以生活的困窘为意。他勤练武艺，广交朋友，决意通过军功途径，挥舞利刀来建立功业，从而振兴自己的家族。

十七岁时，孙坚随父亲乘船外出。途中，碰到一伙强盗抢劫商船。许多船只都不敢再向前进。孙坚站在船头仔细观察了一番，然后对父亲说道："这不过是一帮乌合之众，并不可怕，我要给他们一点厉害尝尝！"于是，他抽刀上岸，逼近强盗。同时，又大声向远处发出命令，用手东指西划，好像是在指挥一支军队，即将发动进攻一般。那伙强盗以为真有官兵前来围捕，慌忙丢下财物奔逃。孙坚追了上去，手起刀落，将跑在最后的一名强盗砍倒在地。孙坚的勇敢和机智，使人们大吃一惊。富春县的县令听说此事，立即任命孙坚为代理县尉，相当于现今的代理公安局局长，统领一支军队维持地方治安。从此，孙坚就开始了他的仕宦生涯。

汉灵帝中平元年（184年），孙坚虚岁满了三十。他虽然已在官场中混了十多年，但因为没有强大的靠山，家庭出身又低微，所以至今仍然只是一个辅佐县令的县丞小官。就在这一年，黄巾军三十六方同时大举起事，天下为之震动，朝廷为之恐慌。于是，孙坚建立军功、改变处境的大好时机就来到了。

那时候，东汉朝廷派了两员名将率领大军进攻黄巾军，一人是车骑将军皇甫嵩，另一人是中郎将朱儁。那朱儁乃会稽郡上虞县（今浙江省上虞市）人氏，与孙坚可谓大同乡。他深知对付黄巾军非有一批干将不可，又早已听说孙坚其人胆略出众，于是上表朝廷，任命孙坚为佐军司马。孙坚就职之后，果然不负所望。他随即招募一批精兵，配合朱儁的主力发起攻势。汝南和颍川两郡（治所分别在今河南省平舆县西北、禹州市）一带的黄巾军招架不住，只好退守宛县（今河南省南阳市，宛字读音同"渊"）城池。孙坚兵临城下，亲率敢死健儿登城而入，宛县遂被攻克。事后，朱儁又保举孙坚为别部司马，东汉朝廷也开始注意到这个英勇善战的将领。

几年之后，长沙郡（治所在今湖南省长沙市）内又发生大动乱，当地官员束手无策。东汉朝廷忽然想起了孙坚是可用的人选，立即升任他为长沙郡太守。这郡太守乃是主持一郡行政公务的中级官员，对于孙坚来说，可以说是荣登显位了，他到任后自然分外卖力。首先，派出得力的心腹干员，暗中前往民间查访当地动乱的症结；其次，又命令有关官员，务必妥善安置流散逃难的百姓；最后，亲自调集精兵强将，突然偷袭乱军的头领。结果，不到一月，长沙郡的社会动乱就完全平定下来。东汉朝廷为了嘉奖孙坚，便封他为乌程县侯。素来贫寒的孙家，忽然间出了一位享有一县封地的侯爷，真是有点兴旺的气象了。

孙坚封侯之后不到两年，京城洛阳（今河南省洛阳市东）发生了一件震动朝野的大事。从西北领兵入朝并控制朝政的军事强人董卓，废除了继承灵帝之位的少帝刘辩，改立刘辩的大弟刘协为献帝。在中国古代，臣下擅自废立皇帝是一种大逆不道的罪恶行为。而董卓专断朝政后，又使其他热衷政治权力的人难以染指。于是乎，全国各地的豪杰英雄，纷纷以"匡复汉室"为由，起兵讨伐董卓。孙坚闻讯之后，也迅速兴兵北赴洛阳。这一日，孙坚兵马来到距离洛阳还有三百里的鲁阳县（今河南省鲁山县）。部下来报，说是后将军兼南阳郡（治所在今河南省南阳市）太守袁术，已在此恭候多时了。孙坚闻报大喜，立刻更衣，赶至袁术府邸与之相见。

孙坚为何如此急于会见袁术？袁术又为何在此恭候孙坚？用一句话来点明，这就是彼此相互利用之需要。那袁术字公路，乃豫州汝南郡汝阳县（今河南省周口市东南）人氏。汝南袁氏是当时天下数一数二的名门大族，四代人中竟然有五个人登上了朝廷三公的第一等高位，门生故吏遍于天下。在起兵讨伐董卓的各路英豪中，就数袁术与其异母兄袁绍二人声望最高，实力最强。孙坚深知目前自己的羽翼尚未丰满，必须结交强大的外援，方能立脚和发展，而就近的袁术正是一个理想的对象。至于袁术，他暗中蓄有取汉朝皇帝而代之的政治野心，正在八方网罗人马，骁勇善战的孙坚，自然成为他着意争取的目标。于是双方一拍即合，袁术上奏汉朝，任命孙坚为破虏将军，兼任豫州（主要地域在今河南省）的州刺史，又供给孙坚大量军事物资。作为交换的条件，孙坚军队将会听从袁术的调遣和指挥。说白了，就是孙坚投靠袁术，当了别人的部下。

这鲁阳县位于东汉首都洛阳的南面，直线距离不过200里左右。孙坚虽然投靠了袁术，但是对于东汉朝廷却依然怀有忠诚之心，于是就以鲁阳县城池为根据地，多次向北出兵，与控制洛阳的董卓发生激战，取得了两次辉煌的战果。

第一次战果是阳人大捷。这"阳人"是一个地名，在今河南省汝州市的西北，属于董卓军队布置在洛阳南面100里左右的重要军事据点。孙坚杀到阳人，此处的守将是董卓手下担任都督的骁将华雄。双方相遇，孙坚勇不可当，当场将华雄杀下马来，斩下首级。后来罗贯中的《三国演义》，把斩杀华雄的功勋，进行了移花接木式的文学移植，放到了关羽关云长的身上，这并非历史的真实，而是文学的虚构。

第二次战果是攻进洛阳。阳人大捷后，孙坚乘胜继续向北进军，逼近洛阳城池。董卓抵挡不住，于是在初平元年（190年）二月，放火焚烧洛阳皇宫，然后挟持九岁的小皇帝刘协，向西逃亡长安（今陕西省西安市）。孙坚指挥军队进入洛阳之后，首先来到皇家的太庙，打扫清洁，向庙中供奉的诸帝神位，敬献最高级的礼品；然后又指挥将士，把被董卓军队粗暴发掘、掠夺殉葬珍宝的皇帝陵墓，逐一运土回填，修复原来面貌。以上两项事情完成后，孙坚依旧带领军队，回到鲁阳驻扎。他的举动，受到当时人们的普遍称赞，这也无需细说。

但是，在此期间发生的一件有趣史事，却值得为读者诸君好好说一说。原来孙坚得到了当时一件历代相传的国宝，名叫"传国玺"。

根据陈寿《三国志》、范晔《后汉书》等史书的记载，这件传国玉玺，为秦始皇所制，以蓝田县（今陕西省蓝田县）出产的美玉，镌以李斯所书"受命于天，既寿永昌"八个字；玉玺周边见方一寸，约合现今的2.4厘米，故而当时称为"方寸玺"或"传国玺"。秦朝灭亡后，此玺被汉高祖刘邦得到，经常佩带在身上。后来西汉诸帝代代相传，最后经过王莽、赤眉军之手，又被东汉光武帝得到，作为象征国家政权的国宝，传给后世东汉诸帝佩用。

孙坚进入洛阳，在城南安营扎寨。驻地有一口水井，早上兵士到井边取水时，发现井中冒出了五色斑斓的水气，兵士非常惊恐，赶紧报告孙坚。孙坚命令把人吊下水井，探寻井底的情况，结果发现了这件汉家皇朝的"传国玺"。原来，此前皇宫中的宦官作乱，汉献帝的侍从官员四散奔逃，掌管这件玉玺的官员在慌乱中，就把玉玺丢入井里，算是暂时存放。孙坚得到宝贝的消息，很快被他的上司袁术得知。后来袁术想要称帝，就把孙坚的吴夫人扣押为人质，强行从孙坚手中夺过了这枚玉玺。袁术病死之后，有一位名叫徐璆的官员，又得到玉玺，亲自赶往当时东汉朝廷的临时首都许县（今河南省许昌市），将玉玺进献给曹操控制的东汉朝廷，算是重归故主汉家皇朝了。

东汉皇朝灭亡后，传国玺相继为曹魏、西晋皇朝保有。西晋末年大乱，又曾落入割据政权首领刘聪、石勒、冉闵之手。东晋穆帝永和八年（352年）八月，冉闵之子冉智归降东晋，传国玺又为东晋王朝所得。经过南朝的宋齐梁陈四代，辗转归于隋、唐两个皇朝。到了武则天时，皇帝所有的用玺，包括传国玺在内，一律改"玺"称"宝"。唐玄宗天宝十载（751年），"传国宝"又改称"承天大宝"。在此之后，竟然就不知所终。说不定将来有一天，这件国宝又会现身人间，那就真的是盛世重光了。

关于传国玺上所刻的八个字，各种史书所载并不相同。有的说是"受命于天，既寿永昌"；有的说是"受命于天，既寿且康"；有的说是"受天之命，皇帝寿昌"；有的又说是"受天之命，皇帝寿昌"。笔者曾经撰写专文考证，认为最后一种说法更为可信。

镌文虽有歧异，其宗旨则在标明"君权神授"或"君权天授"，从而使得君权获得充分的合法性和崇高的神圣性。因此，传国玺虽然不在日常皇帝发布诏书文告中使用，诏书文告将用另外的相应玺印加盖之，但它作为君权的特殊象征，却格外受到历代皇朝的珍视和看重。

秦汉、三国的玺印，从皇帝所用到平民所用，其正规尺寸的大小，通常为当时长度单位的见方一寸，即现今的2.4厘米。后世考古出土的当时玺印，大多都是如此，只有很少的例外。现今以秦汉三国历史为题材的影视作品中，官印弄得有娃娃头颅那么大，这是属于不知当时制度的胡乱夸张，并非历史的真实。

到了初平二年（191年），袁术又命令孙坚率军南下荆州（主要地域在今湖北、湖南、河南省），前去进攻反对袁术的荆州军政长官，即荆州牧刘表。刘表早已听说孙坚的英勇善战，连忙派遣手下第一员骁将黄祖率军前往抵挡。两支军队在襄阳城郊的旷野上展开一场恶战，从天色刚明直杀到傍晚时分。那黄祖见势不妙，虚晃一矛，回转马头向南逃奔。孙坚哪里肯放过黄祖，大喝一声："黄祖休走！"立即带领精锐骑兵追了上去。到了夜半之时，孙坚一行已经追到襄阳城南的岘山。这时，一轮圆月高悬碧空，照得大地如同白昼。孙坚望着前面黄祖越来越近的身影，心中暗自得意起来。殊不知这岘山乃是襄阳城南的军事要地，荆州牧刘表平时就派遣了一支精兵驻守在山上，以便从南面拱卫荆州当时的军政中心襄阳城池。黄祖当然知道这一切，所以拍马直奔岘山求救。岘山上巡夜的兵士听到急促的马蹄声，连忙弯弓搭箭观察动静。在皎洁的月光下，他们一下就认出前面骑马狂奔的将领，乃是自家军队中的黄祖将军，那么后面的追兵定然就是敌军无疑。于是，兵士们一齐举弓搭箭，瞄准敌军马队最前面的统兵官发射。弓弦响处，便发生了本章开头所描绘的那一幕。

按照当时以虚岁计算年龄的惯例，孙坚死时才只有三十七岁。死者倒是一了百了，丢下的孤儿寡母却陷入艰难的困境之中。

孙坚的夫人吴氏，本是吴郡吴县（今江苏省苏州市）的大家闺秀。年轻时不仅生得十分美貌，而且性情娴淑，做事又极其果断。父母双亡之后，吴氏遂与幼弟吴景，移居到钱塘县（今浙江省杭州市），去投靠吴家的亲戚。孙坚那时候正当青年，听说吴家有一个前来投靠的孤女，才貌相当出众，就兴冲冲地来到吴府求亲。谁知道吴家亲戚认为，孙家的门第卑微，孙坚本人又整天舞刀弄剑，呼朋唤友，不像是温良正派之辈，就断然拒绝了孙坚的要求。孙坚眼看好事化为泡影，又是羞愧，又是愤恨。不料吴氏小姐却独具慧眼，暗中看上了这个不安分的青年。原来，吴氏小姐是一位很有见识的女子，她眼见东汉末年天下动乱，自己与幼弟又没有父母的呵护关照，因而一心想要寻找一位有英雄气概的青年，作为自己的终生依靠。她早已听人议论过孙坚，都说此人虽然是一名低级的军官，但是为人正派，胸有大志，并非一般的市井无赖少年可比，所以柔情早有所钟了。不过，这一切心事都不便与本家的亲戚长辈明说，只好采用一个小小的计谋。

于是，她见到本家长辈，缓缓说道："小女听说长辈回绝了孙家的求婚，长辈这片爱护之心，小女没齿不忘！可是孙坚勇武异常，现在又在官府当中任职，还结交了一大批游侠少年。如果拒绝他的要求，他一定会寻找机会前来报复，那时候不但小女和幼弟性命难保，长辈们也不免要遭到祸害，不如就答应他的要求为好。今后万一我生活遭遇不幸，那也是命中注定的啊！"这一番话说得长辈心生恐惧，便立时应允。不久，孙坚就和吴小姐缔结良缘。

孙坚得此贤内助后，满心欢喜。他三十岁时参加朱儁大军进攻黄巾军，因舍不得娇妻弱子，故而把家眷接到寿春县城（今安徽省寿县），在自己军队的驻地中生活。后来，他那将要成年的大儿子孙策，又把家庭迁移到了附近的舒县。当孙坚阵亡的噩耗传来时，住在舒县的吴氏夫人，以及其四儿一女，全都痛哭失声。

料理完丧事之后，这个不幸的家庭便不得不考虑此后的生计问题。孙坚为官比较廉洁，生前积蓄不多。袁术其人又薄情寡义，见孙坚已死，对其家属的态度亦由热转冷，毫不关心。眼见吴氏母子就要陷入绝境，却有一位出了名的帅哥站出来大力相助，这就是后来在赤壁鏖兵中"雄姿英发"的周瑜周公瑾。

周瑜，字公瑾，乃扬州庐江郡舒县（今安徽省庐江县西南）人氏。庐江周氏也是海内名门，世代公卿不绝。周瑜身为贵公子，非但外表英俊漂亮，加之又能仗义疏财，所以自然成为当地社会的头号明星。当初孙坚把家庭迁到寿县之后，孙坚的长子孙策，字伯符，很快就结识了周瑜。这两人都是宦门子弟，性情志趣又非常投合，更为凑巧的是，他们还是同岁，孙策只比周瑜大一个月，于是这一对十多岁的总角少年，便结成了莫逆之交。同时，周瑜又劝孙策，把家迁移到自己所在的舒县，以便就近照顾。当时，周瑜的父母已经去世，偌大的家业完全由他自己支配。他马上吩咐下人把大道南边一处宽敞的住宅整饰一新，然后亲自率人把孙策全家接到新宅居住。安顿妥当后，又在家中举行宴会欢迎贵客。席间，周瑜把孙策的母亲请到高堂之上，先行了跪拜之大礼，然后说："伯母大人，瑜儿不幸，早失双亲。伯符兄既然与我情同手足，伯母大人也就是我的母亲。从今以后，我们两家即是一家，自然有无通共，不分你我，望母亲大人万勿见外啊！"吴氏夫人一听，不禁感动得热泪长流，只叫了一声："公瑾呀，你是我的好儿子！"就再也说不出话来。

孙坚不幸去世，十七岁的周郎，全力帮助十七岁的孙郎料理丧事，又大力资助孙家的生活费用，使孙家顺利渡过难关。周瑜刚刚把孙家的事处理好，忽然接到叔父周尚从丹杨郡（治所在今安徽省宣城市）寄来的一封信。这周尚是周瑜仅有的至亲长辈，正在丹杨郡任太守，因突然感染重病，所以带信叫侄儿去照顾探望。周瑜得信后，只好与孙氏全家暂时洒泪分别，匆匆赶至位于江南的丹杨郡去了。

周瑜走后，孙策开始静下心来，认真考虑自己今后的前途。杀父之仇当然是要报的，此外，自己还应当做一番事业。不过，无论报仇雪恨还是建功立业，都要有实力和基础为凭借，自己又怎样着手呢？

就在孙策彷徨之际，碰到了一个能够为他指点迷津的人。此人姓张名纮，字子纲，乃广陵郡（治所在今江苏省扬州市西北）人氏。张纮素有高名，见识不凡。孙策听说之后，便虚心登门求教。张纮虽比孙策年长二十多岁，却十分赏识这一志向不凡的后生，于是向孙策建议道："贤郎的祖籍在江东，令尊生前又以骁武著称，如果聚集武力回到江东家乡去创业，一定可以迅速取得江南的荆、扬二州。届时不仅深仇可报，而且还能建立匡复汉室之大功，不知郎君是否有意为之呢？方今中原多难，若郎君果真平定了南方，我和我的好友们都愿到南方来为郎君之事业助一臂之力！"这一番话令孙策茅塞顿开，连说："受教！受教！"告辞张纮之后，孙策立即开始动手组织自己的武装力量。

那么当时常说的"江东"究竟是指哪里呢？原来，长江自现今安徽省芜湖市以下，直到江苏省南京市之间，其流向大致是从西南流向东北，所以当时习称这段江岸的东岸地区为"江东"，西岸地区为"江西"。所以当时的"江东"，大体上相当于现今所说的"江南"。

当时，孙策的舅父吴景，已经在丹杨郡接任了太守之职，于是孙策首先赶到丹杨，借助舅父的影响，招募到数百兵丁，组成一支最初的队伍。接下来，他又到寿春去见袁术，请求袁术把父亲孙坚的旧部拨还给自己。袁术实在拗不过情面，勉强把一部分孙坚的旧部给了孙策。就这样，孙策终于凑成了一支不过千把人的队伍，开始走出他创业生涯的第一步。

汉献帝兴平二年（195 年）寒冬十二月，二十一岁的孙策率众自寿春出发，取道历阳县（今安徽省和县），准备从这里的乌江渡，也就是当初楚霸王项羽自刎的地方，渡过长江去攻取江东。在当时，这乌江渡是长江下游北岸的一处繁忙的渡口，江对面的南岸，则是著名的牛渚渡和采石矶。

为了瞒过袁术，孙策一直说是要为袁术去平定江东的诸郡。而袁术则认为，年轻的孙策只靠千余人的兵力，不可能有什么大的作为，便放心让孙策南去。殊不知袁术完全小瞧了孙郎的手段，不久他就要后悔不及了。

孙策从寿春出发时，步兵约有一千人，另有骑兵数十人。兵力虽然单薄，但孙策却很乐观。因为在他周围，还有上百位得力的心腹和宾客。其中，论文才，有张昭、张纮等；论武勇，有程普、黄盖、韩当、周泰、蒋钦等。古话说："二人同心，其利断金。"如今有上百人同心，何患无成！就在这种昂扬的气氛中，孙策的兵马来到了长江北岸边的历阳县（今安徽省和县）城外。

孙策正在整顿队伍，准备进城休息。突然间，历阳城头鼓角齐鸣，城门大开，浩浩荡荡开出一支四五千人的大队伍来。为首一员青年将军，身材颀长，姿容俊美。只见他驱马来到孙策近前，下马拜见道："伯符仁兄别来无恙？小弟已经在此恭候多日了！"孙策定睛一看，来者不是别人，正是自己时时挂念的至交好友周瑜，不禁高兴得大叫了一声："公瑾贤弟，有你相助，为兄的大事就能成功了！"

原来，周瑜自从到丹杨郡省亲，因叔父病势沉重，一直未敢离开。孙策决心攻取江东开创大业之后，立即写了一封密书告知周瑜。周瑜得信，迅速派人回转舒县老家，变卖家产，筹集了一笔可观的经费。他用这笔巨资，在历阳县一带招兵买马，建立起一支精兵；同时，又在历阳城东的乌江渡口备办了一批船只。一切准备完成之后，他就静静等候孙策的到来。

二人相见，一番畅叙自不必说。两下合兵，孙策的部队已有五六千人，实力大增。三天之后，孙策挥兵自乌江渡口上船，南渡长江，指向对岸的牛渚渡口前进。只见他的船队兵器精新，旗帜鲜明，士气高涨。行至长江中流，孙策站在大船船头，回望自己的船队，暗想："当年项羽率领八千江东子弟西渡长江，开创了称霸天下的大业；而今我率六千江北子弟东渡创业，也必然能够平定江东，打开新局面！"

事情的发展果然与他的希望相符。江东本是孙氏故乡，这里早已慑服于孙坚、孙策父子的威名，加之孙策的军队确实剽悍异常，所以渡江之后，势如破竹，如入无人之境。胜利并未使孙策冲昏头脑，他一再严明军纪，不准部下扰动百姓；同时又努力争取当地人才，使之为自己尽心效力。这样一来，人心归服，地方安靖。两三年间，孙策不仅取得了江东的丹杨、吴、会稽三郡（治所分别在今安徽省宣城市、江苏省苏州市、浙江省绍兴市），还向西攻占了豫章、庐陵和庐江三郡（治所分别在今江西省南昌市、吉水县东北、安徽省潜山县）。到了这时，孙策拥兵数万，占地千里，俨然是一个江东小霸王的模样了。

孙策刚刚在江东站住脚跟，袁术就派使者送来了一封公函。野心勃勃的袁术，自以为出身高贵，又占据了从淮南到江东的大片地区，急欲取代汉室称帝，故而要求孙策出面支持。他以为孙策年轻单纯，又多少受过自己的资助，必定会给自己一点面子。那知道孙策羽翼已丰，再也不肯接受袁术的挟制和指挥；再说孙策还想借机会取得汉朝的好感，以便使自己割据江东的既成事实得到汉朝的承认。所以孙策立刻请大手笔张纮，写了一封义正词严的长信，把袁术着实数落了一番，并且断然宣布：从此与僭逆的袁术断绝关系，不再来往！袁术得到回信，气得暴跳如雷，但是却拿孙策无可奈何。

脱离了袁术，孙策就动手准备收拾仇人黄祖了。那时候，黄祖的上司荆州牧刘表，同样也想拥众自立，不服从汉朝的节制，所以孙策进攻黄祖，虽然意在报自己的家仇，然而表面上却以讨伐汉室叛臣为由，以示光明正当。建安四年（199年）十二月，孙策西攻黄祖于沙羡（今湖北省武汉市西南），大破黄祖水军，俘获黄祖妻子儿女及战船上千艘，黄祖本人侥幸逃生。事后，孙策遣使向汉朝报捷，又呈送大量的贡品，以此表示忠诚之心。控制汉朝皇帝的曹操，为了笼络孙策，就表请汉献帝，正式任命孙策为讨逆将军，封为吴县的侯爵。至此，孙策割据江东的行为终于得到汉朝的正式承认，算是名正言顺了。孙氏家族又出了第二个侯爷，这兴旺景象较之以往显然更胜一筹。

其间，孙策还有一件美事。一日，吴氏夫人把孙策和周瑜召至内室，说道："策儿和瑜儿啊，你们都已经二十有余，也该娶妻成家了。我为你们都访求到了佳偶，就是桥公的两个妙龄女儿，不知你们的意下如何？"二人一听，不禁大喜过望。原来，当时皖县（今安徽省潜山县）的社会名流桥公，避乱南渡长江移居江东。这桥公有两个宝贝女儿，初长成人，均为国色天香，美丽无比。能娶桥公之女为妻，当然是求之不得的大好事。于是，在吴氏夫人的主持之下，两家迅速举办了盛大的婚礼。大喜那天，孙策和桥大小姐配对，周瑜和桥二小姐成双，新郎有潘安之容，新娘有西施之貌，观礼的来宾无不赞美这是两对天生的金玉良缘！

值得指出的是，江东这一对姊妹花的姓氏，史书《三国志·周瑜传》明确记载是桥梁的"桥"，还称呼两姊妹为"大桥""小桥"。但是，后世却误传为乔木的"乔"，"大乔""小乔"的称呼广为流传，这真是典型的谬种流传了。

事业有成，娇妻在室，令孙郎好不得意。可惜天有不测风云，人有旦夕祸福，叱咤风云的孙策，竟然被几个刺客夺去了性命。

原来，当初孙策渡江攻取江东，吴郡太守许贡曾发兵抵抗，事败被杀。许贡生前养有一批忠心耿耿的门客，许贡死后，门客们发誓要为主人报仇。经过长时间的观察，他们发现孙策性好射猎，射猎时又往往匹马当先，不带随从，便决定在孙策出猎之时，伺机行刺。前面说到，孙策在丹徒城北长江边的沙洲上逐猎，不幸突然遇刺，而刺客正是许贡的小儿子和门客。

孙策受伤回府，部属大为震惊，孙策全家上下更是惶惶不安。由于箭头有剧毒，所以群医束手无策。孙策自知伤势严重，求生无望，便开始考虑后事。

后事中最主要的自然是江东基业的继承人选问题。按照通常的父子传承原则，便应确立孙策之子孙绍为继承人。但是，当时的孙绍，还只是一个襁褓中的小儿，立他为嗣如何镇得住江东？难免不发生动乱。考虑再三，孙策决定传弟不传子，将大事交付给自己十九岁的大弟孙权。

建安五年（200 年）四月四日丙午，孙策把孙权召至病榻之前，命人把自己的讨逆将军印绶，佩带到孙权的身上，然后嘱咐说："大弟，率领江东的军队与敌人作战，争雄天下，你确实不如我；但是选用贤能，各尽其心以保江东，我却不如你。望你千万好自为之啊！"当晚，二十六岁的孙策就离开了人世间。

于是，三国时期杰出的政治家孙权，从此开始了他长达五十三年的表演生涯。这正是：

宿敌飞来追命箭，孙权就此上台来。

要想知道年纪轻轻的孙权匆匆登上政治舞台之后，能否有效应对眼前的复杂局面，请看下文分解。

第二章
江东新主

　　十九岁的江东新主孙权，字仲谋。他与孙策虽是一母所生的同胞兄弟，但是两人的外貌、性格和才干却有明显的不同。从外貌上看，孙策姿容俊美，肤白唇朱，是那种略带一点女性美的男子，所以当时江东称之为"孙郎"。而孙权则是碧绿眼睛、紫色胡须，面颊方正、口型宽大，是典型的奇伟丈夫。同样的父母，孙策的眼睛颜色很正常，而孙权的眼睛颜色极为特别，这也是一件令人感到惊奇的事，难怪后来曹操骂他是"碧眼儿"。当时有人认为孙权的五官有大贵大寿之

相。在性格上，孙策豁达而诙谐，孙权则沉稳而善断。至于
二人的突出才干，孙策擅长担任将帅，冲锋陷阵，势不可当，
孙权则适于担任君主，择人任事，考虑周到。孙策在江东创
业之时，孙权一直随从其兄转战南北。每有大事商议之时，
孙权往往能够提出好主意。孙策非常器重弟弟的才能，认为
在这一方面自己不如孙权。于是，他开始有意树立孙权的威
信。每次宴请宾客，他都要把孙权介绍给大家，然后对孙权
说："在座的诸君，将来都会是你的部下啊。"可见孙策早已
经想把弟弟培养成自己的接班人了。

孙权虽是一个沉稳善断的人，不过建安五年（200 年）孙
策遇刺身亡时，他还只有十九岁，年纪轻轻突然遭到如此沉
重的打击，仍然感到不知所措。就在他刚刚接受了兄长权位
的初始期间，他整日以泪洗面，无心处理政事。文臣中的首
席元老张昭，看到这种情景，心内焦急万分，便向孙权进言
说："主公啊，现今哪里是悲伤痛哭的时候呀！想当初周公制
定礼仪，明确要求子女要为死去的父母服丧居哀三年。可是，
当徐戎起来作乱之时，周公的儿子伯禽服丧三年期限未满，
依然抑制了悲哀，亲自率军出征。伯禽是故意违犯父亲订立
的规矩么？实在是形势所迫，无法按照规矩遵守礼制啊。现
今江东的局势动荡，人心惴惴不安，而敌人却正在等待机会，

要对我们实施突然袭击，你却痛哭不止。老实说，这简直是开门揖盗，并不能算是对兄长的真正敬爱呀！"

说完之后，张昭就指挥众人，把孙权身上的丧服脱下，换上了办理公务所穿的官服。然后又把孙权扶上马，让他出去巡视检阅军队。孙权在马上看到那一张张疑虑不安的面孔，陡然意识到父兄创业之艰难，以及自己肩上责任之重大。他这才振作精神，认真动手处理江东政务。俗话说："看人挑担不觉重。"一旦孙权亲自治军理政，他才意识到自己面临着一个多么严重而复杂的局面！

先来看孙权所面临的外部形势。小霸王孙策攻占江东的五六年间，中原的割据群雄经过一番恶战，最后主要剩下曹操和袁绍两大势力。建安四年（199 年），袁绍出动精兵十万，南下进攻曹操，在官渡（今河南省中牟县东北）一带与曹操相持了两个年头。孙策恰好在这双雄对峙而无暇南顾的难得机会之中，奠定了自己的江东基业。可是，孙策死后仅仅几个月，曹操火烧袁绍储存在乌巢（今河南省中牟县东北）的粮草仓库，获得大胜。袁绍刚一失势，曹操的视线就转到了江东这一块肥肉上，准备趁孙策新亡的机会攻打江东。只不过碍于袁绍的势力还未彻底清除，曹操才没有立即付诸行动。但是，曹操并没有完全放过孙权，而是耍了一个巧妙的政治花招。他亲自表奏汉献帝，正式任命孙权为讨虏将军兼会稽郡（治所在今浙江省绍兴市）太守。此举的用意有二：一是提醒孙权，你依然是东汉皇帝的臣僚，实际上也就是曹操自己的臣僚，所以你要老老实实听从我的命令。二是警告孙权，你所能管辖的地盘，仅仅限于会稽这一个郡，至于你对会稽郡以外几个郡广大地区的占领，全部都属于非法，到时候要请你交出来，你就得乖乖地交出来，否则看我怎样收拾你！可见今后孙权要想不受曹操的任意支配，早晚总要承受其犀利的兵锋，你以为曹操给你的官是那么好当的吗？

除了北方的曹操之外，西面的仇敌黄祖，实力也不可小觑。盘踞在长江上游的黄祖，当初大败于孙策之后，在刘表的强力支持之下，迅速恢复元气。他发誓要踏平江东，以解胸中之恨。孙策身死的消息刚一传出，黄祖立即调发水军顺流而下，进攻孙吴的军事重镇柴桑（今江西省九江市西），气势咄咄逼人。总之，就外部形势而言，孙权处于腹背受敌的不利局面。

孙权面临的内部局势，同样也不容乐观。此时孙吴内政有一个极为严重的问题，这就是山越的反抗日益激烈，造成局势动荡，当局穷于应付。两汉以来，在现今浙江和安徽两省交界的万山丛中，居住着大量的山民，史籍统统称之为"山越"。孙策攻占江东建立统治，遇到山越的激烈反抗。尚武的孙策下令部属，对反抗的山越一律实行武力镇压，格杀勿论。他却没有想到，山越采取的应对措施，就好比后世的游击战或麻雀战。他们以深山为据点，史书形容是"其战则蜂至，败则鸟窜"，打得赢就蜂拥而至，打不赢就作鸟兽散，消失在深山密林之中。官兵的暴力镇压往往劳而无功，收效甚微。孙策一死，山越活动更加频繁。由于山越的人数众多，活动的地域广大，所在地区又迫近吴、会稽两个郡（治所分别在今江苏省苏州市、浙江省绍兴市），而这两个郡正是孙吴统治区的心腹地带。因此，能否有效清除山越的反抗，已成为关系到孙吴政权稳定的重大内政问题。

外有强敌夹攻，内有山越反抗，新主人又是一个不满二十岁的年轻后生，在这种情况下，孙吴统治集团的内部，不免出现了人心浮动的情况。

这一天下午，孙权正在处理公事。侍从来报，说是派往长江北岸庐江郡（治所在今安徽省潜山县）去的使者已经回来，同时呈上庐江郡太守李术的回信一封。孙权接过书信打开一看，不禁大怒，猛地一掌把信拍到案头上，左右侍从吓了一大跳。原来，这李术在孙策死后，不肯服事新主孙权。他把大批从孙权军队中逃亡的军人收罗在自己帐下，等待时机一成熟，就要公开打出独立的旗号。孙权听到此事，就以上司的身份写信给李术，命令他交还这批逃亡者。李术的回信之中，只有短短三句话："有德见归，无德见叛，不应复还。"意思是说，这些逃亡者前来归顺我，是因为我有仁德嘛；而他们背叛你，是因为你没有仁德啊，所以我不应当把他们交还给你。这几句话把孙权贬损到了极点，难怪生性沉稳的他也忍不住胸中的怒火了。

然而令人头痛的事情又接踵而来。两天后，镇守长江边防的军队送来一份报告，说是截获了庐陵郡（治所在今江西省吉水县东北）太守孙辅送给曹操的一封密信，请孙权过目。那孙辅字国仪，乃是孙权同祖的堂兄。孙策死后，他估计孙权没有能力保全江东，就预先安排自己的退路。他见曹操势力强大，是一个好靠山，就修书一封，命心腹送呈曹操，表示效忠归顺之心。不料信使向北来到长江边准备偷渡之时，却被巡逻水军拿获。孙权看罢报告和密信，真是说不出的愤恨。心想：李术是外姓人，背叛我尚可理解；你孙辅与我是同祖兄弟，具有血缘之亲，再说我父兄待你素来不薄，你怎么能在这种关键时刻拆我的台呢？

这时，在上游巴丘（今江西省峡江县）镇守的周瑜，因孙策之死而星夜赶回赴丧，孙权便请他和张昭来商议当前的对策。

经过彻夜的密谈，对于孙辅和李术的处理已经有了明确的意见。孙辅暗通敌国，其罪当诛。但是念及他在攻占江东的过程中出过大力，决定免其死罪，撤职监禁终身，立即执行。李术不服节度，企图自立，此风决不可长，应当马上举兵镇压，以儆效尤。讨伐行动由周瑜全权负责指挥。但是，在如何应付北面和西面的外部威胁以及如何应对山越反抗这两点上，三人一时间都没有想出良策。

数日之后，周瑜率领大军进剿长江对岸的庐江。临行之前他与孙权告别，说道："主公，李术叛逆乃癣疥小患，不足为虑。为臣此去，不日内定要踏平庐江，取术首级来献。为臣所忧心的，依然在于如何确立当前内外大政的方针，以图长治久安。近日内为臣猛然想起一人，此人姓鲁名肃，乃为臣好友。其人识度高远，足智多谋。主公若能虚心接见，他必能贡献高见良策，望主公留意！"说完出来，飞身上马，率军直扑庐江去了。一月之后，周瑜果然攻破庐江郡的郡治皖县，杀死李术，俘获军民人口三万人众回转江东。李术之死和孙辅被囚，使那些心怀二志的人，从此不敢乱说乱动，人心开始稳定，这都是后话。

周瑜一走，孙权就准备派人请鲁肃来见面。可是自己对鲁肃完全不了解，于是先遣心腹之人去打听有关情况。经过这番调查，孙权这才弄清楚了鲁肃的生平和来历。

鲁肃字子敬，乃临淮郡东城县（今安徽省定远县东南）人氏。他出生不久父亲突然去世，只有祖母与他相伴。这鲁家是一个豪富，家财钜万。鲁肃成人之后，长得相貌堂堂，身材魁伟。他见天下动乱，认为在干戈扰攘之际，死守家财乃是愚不可及的行为。于是，他大散金帛，广交朋友，经常供养数百游侠少年，打猎习武。同乡父老见他败坏家业，都说："鲁家大概注定要衰败了，怎么生了这么一个轻狂的小子啊！"周瑜有一次率领数百人经过东城，途中缺粮，听说鲁肃有仗义疏财之美名，就去向鲁肃商借。鲁肃虽然从来不认识周瑜，仍然爽快地答应了周瑜的要求。当时鲁家存有两大仓库的稻米，每一仓足足有三千石之多。鲁肃把周瑜领到其中一个仓库前，轻松随便地说道："公瑾兄远来难得，这一仓米小弟奉送与兄，还望笑纳。"周瑜一见鲁肃视财物如粪土，就知道他是一个很有志节的奇士，当下二人就结为好友。孙策攻取江东时，鲁肃曾随周瑜前往。但是，鲁肃并未得到孙策的特别器重，所以正要准备动身离开江东，到北方去另投新主，寻找自己的发展空间。

孙权得知鲁肃这几年受到兄长孙策的冷落，马上就意识到，自己绝对不能随随便便地把鲁肃叫来问话。不然，鲁肃必将托词拒绝前来；即便不得已来见面，也必定不愿畅所欲言。经过一番缜密的考虑，他终于有了主意。

不久，重阳佳节来临，孙权在自己的府邸中举行了盛大的宴会。孙权手下的重要文武官员，还有鲁肃，都应邀出席。席间，孙权特别命人把鲁肃的座位安放在突出的位置。宾主酬答，觥筹交错，自不必细说。待到酒阑人散之时，孙权站起来对大家说："诸位请回府休息。子敬先生就不必回去了，今晚我还要就大政方针好好向你请教一番啊！"几句话使得全场贵宾都不禁把目光投向鲁肃，要看一看这位得到主公如此尊重的无名之辈是何等的人物。鲁肃受此殊荣，心中大受感动，回想这几年自己一直在坐冷板凳的遭遇，差一点就要落下泪来。

当下众人散去，孙权将鲁肃请入内室，命人重新摆上酒肴，还特别吩咐要设置"合榻"，即将自己的坐榻，与鲁肃的坐榻并合在一起。当时的人还流行跪坐，即双脚先在柔软的坐榻上跪下来，然后把臀部放在弯曲后的双脚上。这种"合榻"的设置，是当时主人对客人显示极度谦虚尊敬的特殊举措。合榻之后，孙权便与鲁肃对饮起来。

　　酒过三巡，孙权恭恭敬敬、诚诚恳恳地问道："现今汉室倾危，天下动荡，我继承父兄留下的基业，想建立如同齐桓公、晋文公扶持周室那样的功业。子敬先生远来关注江东，不知有何良策见教？"

　　鲁肃此前已经听到好友周瑜说过，新主孙权如何礼贤下士，今日的目睹又证实了耳闻。心想：今日有幸遇此明主，还不显露我的才识更待何时呢？于是略一思索，然后从容回答道："当初的高祖（指汉高祖刘邦），一心想尊事义帝而未能成功的原因，就在于项羽造成了重大的障碍。现今的曹操，就像当年的项羽，将军你要想扶持汉室又怎么可能呢？据我个人的预测，汉室的复兴已经没有希望，而曹操的势力在短时间内也是铲除不了的。"

　　这一番总结当前形势的开场白，简短扼要，把当时的形势分析得十分透彻。以往孙权手下的重要谋臣，如张昭、张纮之流，总是要孙权打起兴复汉室的旗帜。可是东汉献帝现今被曹操紧紧挟持着，曹操假天子之名以令诸侯，你听命还是不听命呢？听命则受制于曹操，不听命则是违抗天子，这就是"兴复汉室"政治口号带来的尴尬局面。如今鲁肃直率提出兴复汉室无望，至少今后在实际行动上就不再受这个框框的约束，将会自由得多了。孙权不禁心想，这鲁肃果然见识不凡，便又再往鲁肃身边移近了一点。

鲁肃见孙权听得极为专注，就继续说出自己为孙权所考虑的对外发展战略总设计："将军为今之计，只有以江东为基础，伺机向外发展。目前北方的曹操，正忙于消灭敌对势力，暂时还无暇南顾，这是向外发展的大好机会，绝对不能错过呀！至于发展的方向，先应当向西拓展：第一步是剿除江夏郡的黄祖，把势力扩展到汉水一带；第二步则要攻灭荆州的刘表，从而完全占领整个长江中游；到时候就可以自立为皇帝，向北进攻以统一天下了！"

孙权听了鲁肃提出的战略总设计，有如醍醐灌顶，茅塞顿开。可是，他毕竟是一个性格沉稳而又当了领袖的人，不愿过早表露他有帝王之想。因此，尽管他心中非常高兴和佩服，回答却非常低调："我现今立脚江东，还是要想辅佐汉室，至于帝王之业么，是不敢想的。"

这一次的君臣对谈，后世称为"合榻密计"或"合榻密对"。与此密切相关的问题，值得好好说一说。

一是此番对谈，对孙权的思想产生了巨大的影响。他虽然回答得非常低调，但他拒绝的只是自立为皇帝，而不是向西拓展的战略设计。这一设计，使他明确了今后对外发展的正确方向。事实上，此后孙吴政权的向外发展，就是按照鲁肃的既定设计进行的。所以这一设计，其作用就犹如诸葛亮为刘备所作的隆中对策一般，影响非常深远。

二是孙权还由此看到了广揽贤能的重要性。他原来以为，手下的张昭等人已是第一流的谋士了，谁知鲁肃却更胜他们一筹。所以此后孙权更加留意礼贤下士，集思广益。至于鲁肃，孙权自然是格外器重，优礼有加。鲁肃也就安下心来为孙权效力了。谁知张昭器量狭窄，他见鲁肃受到孙权青睐，不免心生忌妒，便极力诋毁鲁肃，说此人年少轻狂，不可重用。孙权也不驳斥张昭，只是派人送给鲁肃更多的金帛财物以示信任。张昭见自己的话不起作用，只好作罢算了。

三是在当时群雄竞争的态势中，有没有正确的战略总设计，乃是能否取得成功的关键性要素。孙权有了鲁肃的"合榻密计"，刘备有了诸葛亮的"隆中对策"，曹操有了谋臣毛玠提出的"奉天子以令不臣，修耕植以蓄军资"，最后都取得了事业的成功。相反，根本没有正确战略总设计的，比如吕布，有了正确战略总设计却不认真执行的，比如袁绍，最后都遭到彻底的失败。政权是如此，个人也是如此。在竞争激烈的当今，这是对我们颇有价值的历史借鉴。

四是鲁肃的总设计最后得以成功，是因为他把孙权向外发展的方向，选择到了容易拓展的上游荆州。荆州当时的占领者刘表，乃是一个眼光短浅而才能低下的角色，全力向荆州拓展，远比向北与曹操竞争要容易得多。将发展方向选择在容易发展的地方，这是鲁肃"合榻密计"和诸葛亮"隆中对策"的共同特点，也是值得现今的我们借鉴的经验。

五是鲁肃其人，在罗贯中《三国演义》中被塑造成了一个老实可欺的低智商角色，这完全不符合历史的真实记载。《三国演义》所刻画的第一正面主角，乃是蜀汉丞相诸葛亮。把鲁肃写得老实可欺，这是为了衬托孔明先生的智慧超卓；又把周瑜写成胸襟狭隘，这是为了衬托孔明先生的容量宽广。《三国演义》仅仅是文学小说，并非可靠的史书，读者诸君万万不能被书中的描写忽悠了。

最后第六点，是鲁肃和诸葛亮的战略总设计不约而同地把荆州作为向外拓展的首要空间。双方都想占有荆州，而且无法退让，这就为后来双方的兵戎相见、大动干戈埋下了难以调和的种子。

孙权明确了对外拓展的战略方针之后，接下来又着手解决内政的关键，即山越武装反抗问题。他深知，内部不稳定，对外战略是无法实现的，所谓"攘外必先安内"是也。这一日，他又会见鲁肃，就山越问题询问意见。鲁肃沉吟一时，才缓缓说道："主公，我本是江北人，对江南的山越没有深入的了解，不敢妄加论议。此事应向熟悉本地情况的土著人士垂询才好，主公何不召见陆伯言呢？"一席话便把孙权点醒，不久他就轻车简从，亲赴陆府去了。

鲁肃所推荐的这位人物，姓陆名逊，字伯言。按照古代礼仪，称呼他人要称其字，以示尊敬，直呼其名是失礼的行为。所以刘备称呼诸葛亮，是"诸葛孔明"。陆逊出自吴郡吴县（今江苏省苏州市）陆氏，这吴郡陆氏乃是当时江东著名的世家大族，自东汉以来世代官宦不绝。陆逊其人，虽然外表如同柔弱书生，但是胸藏韬略，智计无穷。孙权统领江东之后，陆逊被任命为部属。他看到当时孙权的手下，多是当初孙策从江北带来的人士，而且随从孙氏多年，自己则是初来乍到的本地土著，于是抱定静以待时的宗旨。孙权的突然造访，并不令他感到意外，他隐隐约约有一种预感：自己在政治上崭露头角的时刻就要来到了。

此处需要说明的是，当时江东的土著世家大族，并不止吴县陆氏这一家。单就吴县的范围而论，就还有顾氏、朱氏、张氏，他们与陆氏合称为"吴县四姓"。在吴县以外，会稽郡的行政中心山阴县（今浙江省绍兴市），也有虞、魏、孔、贺四大家族。以上两地的八大家族，连同其他郡县的若干大家族，形成了当时江东土著家族的主要力量，今后会在孙吴时期以及后来的东晋南朝时期，成为政治舞台上的重要角色。其中的详情，请参考拙著《魏晋南朝江东世家大族述论》一书。

当下陆逊把孙权迎入中堂，二人坐定寒暄之后，孙权说道："伯言，自我统事以来，机务繁猥，一直无暇与你畅叙。今日前来，是想就山越之事恭听高见，尚望不吝赐教！"

陆逊一听，心中暗想：果然不出我的预料。原来，足智多谋的陆逊，早已看到山越反抗是孙吴内政中的最大难题，又深知孙权的得力部下如张昭、张纮、周瑜、鲁肃等人，都是来自江北，对江东当地的民情了解不深，孙权早晚都要就此事向自己垂询方略。于是，他事先进行了一番周密的调查，想出了一种有效的应对办法。今日孙权一问，当然正中下怀，便从从容容地把自己筹思多时的办法和盘托出。

孙权专注地听着，脸上渐渐现出欣喜和赞美的表情。陆逊话音刚落，孙权一拍双手，笑叹道："伯言智计，果然不凡！"当场就提升陆逊为帐下右部督，统领一支精兵，全权负责处理丹杨、吴、会稽三郡山越的反抗事宜。陆逊受命，立即领兵入山去了。

陆逊入山之后，便按自己的方略行事，很快就见到成效。一年左右，迫近江东腹地的三郡山越反抗，即已大体平定。捷报传来，孙权大为欣慰，对部下说道："伯言不仅智计过人，而且办事干练，真是一个不可多得的人才啊！"于是立即传令嘉奖陆逊，并且要求其他地方在处理山越反抗时要参照陆逊的方略。

陆逊的方略，简而言之，即是把"攻杀"二字，改为"围取"二字。上文已经说过，以往孙氏政权对山越的武装反抗，一直采取的是攻杀政策。凡有山越武装出现，一律派兵迎头痛击，格杀勿论。然而山越依山阻险，来去飘忽，这种办法无法将其反抗彻底根除。陆逊的围取方略，则是以俘获山越的有生力量为目标，与残酷攻杀山越的有生力量完全不同。他的具体办法是：第一步，先派遣间谍进入深山，侦察摸清山越的聚居状况，以确定合适的目标点。第二步，目标点确定之后，随即秘密派遣精兵，分别扼守目标点四周的交通孔道。一旦包围之势形成，即命令各路军队逐渐向中心压缩。等到山越察觉动静，已经陷入了铁壁合围之中。第三步，在整个行动过程中，以俘获对方的人员为基本原则，尽量不伤害山越居民的生命。而所俘获的山越，一律强迫迁徙出山。其中的精壮男丁编入军队，妇孺老幼则定居在平原之上，进行生产以养活自己，并且由当地政府严加管理，不准逃亡回山。如此反复围取，深山之中的山越日益减少，被迁移出山的山越又无法组织反抗，所以局势就日渐平静了。

根据史籍的记载统计，单是陆逊在丹杨、吴、会稽三郡围取的山越，被编入孙氏政权军队的精壮男丁，即有五六万人之多。深山之中减少了五六万人的武装游击队，孙权手下却陡然补充了五六万人的生力军，经过这一消一长，江东政权的内部局势还能不稳定下来么？何况还没有加上其他地区的数字统计呢。

魏晋时期长江下游江南地区经济的长足发展，逐渐造成古代中国经济重心向东南移动，这是中国古代史上的重大事件。西晋皇朝灭亡后，北方再度陷入巨大战乱，东晋皇朝之所以能够在江东建立，就是因为江东有了此前打下的经济基础。而长江下游江南地区经济的发展总趋势，最初就是从孙权时期的围取山越开始的，所以其意义绝对不可忽视。

十九岁的江东新主孙权，就这样度过了他刚刚统事之时面临的严重危机。江东的基础巩固之后，他便要抓紧时机向外拓张和发展了。这正是：

年方十九江东主，施政开场奏凯歌。

要想知道接下来的年轻孙权，将会怎样对外大展拳脚，请看下文分解。

第三章

三伐黄祖

孙权向外发展的第一步，完全按照鲁肃"合榻密计"的设计，是向西消灭长江上流的黄祖，吞并江夏郡（治所在今湖北省武汉市江夏区）。之所以做出如此选择，不仅因为杀父之仇不共戴天，更重要的还是出自军事上的考虑。那江夏乃是荆州东部的大郡，直接与江东之西境接壤，不仅地广人多，兵精粮足，而且雄踞上游，虎视江东。对于孙氏政权来说，江夏黄祖乃是一个无时不在的直接威胁。此患不除，孙权是难以安枕的。相反，若得江夏，则不仅可在江东的西面筑起可靠的屏障，而且向西可以直取荆州，向北还可以威胁宛、洛（今河南省南阳市、洛阳市东），孙权面前的棋就好下多了。当初鲁肃献策时，把西取黄祖作为对外发展之首要任务，其原因端在于此。

不过，进攻上游的黄祖，必然要以水战为主，而水战则要有一支强大的水军。因此，在各项备战措施之中，列为首位的即是建造船舰，训练舟师。

受命负责此项重要任务的，自然是孙权特别倚重的周瑜。周瑜自从讨平庐江郡的李术之后，一直留在孙权身边，担任军队的总指挥。他一接到这项任务，即派出精干人员到会稽郡东部沿海地区去购置船只，招募船工。那时，会稽郡东部沿海的造船业，规模已经相当可观。大批能工巧匠，利用现今浙江、福建沿海山区所产的优质木材建造舟船，不仅建造速度快，而且建造出来的船只性能出色，载重量惊人。即便是小型海船，亦可载马八十匹之多。既然有此优越条件，所以周瑜派出的专使，不到数月即已将所需船只如数购到。在熟练船工的操纵下，一支浩浩荡荡的船队开到了长江之滨丹徒县（今江苏省镇江市东）的水军训练基地。周瑜闻报大喜，立即将早已组成的水军将士，按计划分配上船，刻日开始训练。他本人则连月在江畔北固山头的检阅台上督促练兵，连平日最喜欢的音乐欣赏也只好暂时放在一边了。

大约四个月之后，水军训练成熟，孙权亲临检阅。他站在北固山顶，举目一望，但见长江之上帆樯如林，往来迅疾，船上的兵士队列整齐，兵器精新，一股豪气陡然从胸中腾起。他回头对身旁的周瑜说道："公瑾辛苦！灭除黄祖，正在今日！"

建安八年（203年）秋八月，曹操率军南下进攻刘表，两军在西平县（今河南省舞阳县东南）一线相互对峙。孙权趁此刘表不能东援黄祖之机，亲率水军二万，战船五百艘，大举进攻江夏。船队一过寻阳（今湖北省武穴市东北），便进入江夏郡的东界。此处的黄祖守军见敌军旌旗满江，声势浩大，不敢对抗，只是派出急使，骑马从陆路直奔黄祖的驻地去报警。

黄祖闻报，立即集合水军迎战。逆流而上的船只速度，比告急的快马缓慢，一天之后，孙权的船队才到达黄祖的驻地西陵（今湖北省武汉市新洲区），于是一场激战在长江之上展开。

那一日，天朗气清，秋江澄碧。黎明时分，孙权大军已经做好一切战斗准备。孙权传令各军："后退者诛！前进者赏！杀死或生擒黄祖者重奖！"三声鼓响，五百只战船载着两万名勇士，一齐向黄祖水军杀去。

占据上游的黄祖，此刻正站在一艘大船的船楼之上，一言不发地注视着渐渐驶近的敌船。在东方朝霞的点染下，敌船的帆樯一片绯红，眩人眼目。他虽是一员沙场老将，在此强敌面前，亦不免有些心怯。他清楚地知道，孙权麾下有战船五百艘，而自己的战船只有三百艘，数量上先已处于劣势。孙权的战船船体长大，操纵灵活，而自己的战船船体短小，性能落后，这更使自己难以与对方抗衡。不过，好在自己是以逸待劳，又占据上流，足可支撑一时。黄祖正思忖间，孙权船队已驶到距黄祖船队大约一里之处。突然，孙权主船上又是三通战鼓擂响，孙权船队随即分为左右两队，以左右夹击的阵势，向对方发起猛烈的进攻。长江之上，顿时飞箭如雨，杀声震天。

孙权右路船队的先锋，乃是著名的骁将凌操。他早已接到前线总指挥官周瑜的密令，开战之后无需旁顾，径率敢死健儿直取黄祖。只见他手执双刀，立在一艘大型战船的船头，船内隐伏着两百名勇士，人人弯弓搭箭，引而不发。那船来到距黄祖主船两箭之遥时，对方察觉了它的来意，马上就有两只战船前来阻挡。凌操看到来船短小，微微一笑，举刀指挥船工对准来船猛冲。霎时间，只听得轰然一声巨响，前面的那艘敌船就被撞翻，兵士纷纷落水。后面那只来船见势不妙，连忙转弯躲避。凌操毫不理会，直向黄祖的主船驶去。待到两船相距只有十余丈远时，凌操一声大喝："黄祖老贼，快来领死！"喝声未毕，船内两百名健儿一齐站起发箭。利箭伤人，火箭烧船，黄祖主船上立时骚乱起来。说时迟，那时快，凌操的战船已经靠近敌船。他麾下的健儿丢下弓箭，人人手持刀剑短兵器，旋风一般飞身跳过船去。一阵激烈的砍杀之后，凌操的敢死队占了上风。船楼之上，凌操一刀砍断旗绳，旗杆上的黄祖水军帅旗哗啦啦飘落江中。黄祖水军见主船落于敌手，全线登时大乱。

接着凌操率众在船舱内外搜寻黄祖。谁知全船搜了三遍亦不见踪影。凌操逼问一个带伤的敌将，才知道刚才的混战中，黄祖已经跳上一只快速小船逃走了。凌操抬眼一看，果然看到不远的江面上有一只小船，正载着一名白须老将朝岸边驶去。他急忙命人从自己的大船上放下一只轻舟，自己带三名部下跳上轻舟去追黄祖。

两船越来越近，眼看黄祖就要成为阶下之囚。就在这时，从对岸飞快驶来一艘战船，船头一位青年将军抬腕引弓，射出一阵利箭。弓弦响处，凌操啊呀一声，往后便倒。三名部下见凌操前额中箭，血流如注，气息全无，急忙回转船头，奔往自家大营报告孙权。

　　前来搭救黄祖者是谁？暂且留在下文交代。这一战，自然以孙权获得大胜而结束。但是，黄祖脱逃，凌操战死，使得获胜的孙权依然愤恨不已。正当他与周瑜密议继续追击黄祖之事时，在丹杨郡发生的一桩突然事件，使他打消了继续追击黄祖的念头，立即回军江东。

　　这丹杨郡乃是江东的重要地区。该郡的辖地，包括现今安徽省的江南部分和南京附近一带，治所设在宛陵县（今安徽省宣州市）。它南依皖南，北临长江，是江东抗御北方的重要屏障。孙权西征黄祖，特别委派自己的胞弟孙翊为丹杨郡的太守，镇守这一至关重要之地。孙翊时年二十，骁勇果敢，颇有乃兄孙策之风。孙策临终时，张昭等人以为孙策会选孙翊作接班人，足见孙翊确实是一名杰出将领。孙权把丹杨交给孙翊，心里十分放心。殊不知出征后不久，丹杨郡就发生了变故。

　　原来，会稽郡（治所在今浙江省绍兴市）有一个社会名流，姓盛，名宪，字孝章，曾经担任过吴郡太守。孙权统事后，盛宪不愿为孙权效力，孙权一怒之下便将盛宪杀死。盛宪门人中有妫览、戴员二人，立志要替故主报仇。孙翊到丹杨上任，不知二人的居心，竟然礼聘二人为部属。一日，孙翊大宴宾客，随身未带武器。妫览、戴员趁机下手，杀死孙翊，控制了丹杨郡的军政。镇守京（今江苏省镇江市）的孙权族弟孙河，闻变之后赶至丹杨郡的郡治宛陵，也被妫、戴二人杀死。妫览、戴员同时派人到江北，与曹操手下的部将联络，请他们趁机偷袭江东。后院失火，根本动摇，孙权哪里还有心穷追黄祖？只好迅速回军直奔丹杨。

三天之后，来到丹杨郡境。孙权正待整军登岸，一名信使前来报告好消息，说是妫览、戴员已被杀死，丹杨郡秩序已经基本恢复正常。孙权大喜，连忙追问缘由，不料筹划诛杀此二人的，竟然是一位年轻的弱女子！

孙翊的夫人徐氏，随夫到任。妫览主谋杀死孙翊之后，又欲霸占徐氏。徐氏假意应承，暗中却将孙翊心腹卫士二十余人埋伏在府中。那一日，妫览率人来到，正欲入室成其好事之际，伏兵齐出，将其砍为肉酱。接着，徐氏又召集孙翊部属，杀死戴员，一场变乱至此即告基本平定。

孙权得知一切，立即亲赴丹杨看望弟媳徐氏，同时又另派干员为丹杨太守。数日事毕，孙权与徐氏一同起程回自己当时的治所吴县（今江苏省苏州市）去了。

四年之后，也就是建安十二年（207 年），孙权再次兴兵攻伐黄祖。大军进入江夏敌境，遇到黄祖军队的顽强抵抗，进展非常缓慢。两军相持之时，黄祖部下的名将甘宁，突然背离黄祖而投奔孙权，使黄祖的军心大为动摇。

甘宁，字兴霸，巴郡临江县（今重庆市忠县）人氏。他以勇敢善射而闻名黄祖全军。但是，由于甘宁不是黄祖的嫡系部属，所以一直不受重用。上一次黄祖被凌操追赶，前来解救并射杀凌操者正是此人。黄祖得救后，并不特别看重甘宁，依然冷落他如故。甘宁气愤不过，遂在此关键时刻改换门庭，投奔新主而去。

求才若渴的孙权，对甘宁自然是一番厚待，优渥如同旧臣。谁知凌操之子凌统，已在军中担任将军。他听说杀父仇人来到，立即赶来要向甘宁讨还血债。孙权连忙派人把凌统请入自己房中，好言劝慰，开解一番。凌统见孙权亲自出面阻止，只好快快作罢。接下来孙权又叮咛甘宁，今后千万注意回避凌统。从此甘宁时时留心，不与凌统正面接触，这是后话。

孙权接纳了甘宁，随即与周瑜商议下一步的进攻计划。不料在这紧张关头，后方竟传来孙权老母突发重病的坏消息。孙权无奈，匆匆撤军东归。当年冬天，吴氏太夫人即瞑目长逝了。

按照当时礼制，父母死后，亲生儿子应当居丧三年。可是，孙权一料理完毕丧事，顾不得礼制，也顾不得满心悲伤，又全力筹划西征黄祖之事。他之所以要节哀从权，是因为形势十分急迫，已经容不得他闭门尽孝了。

原来，此时北方的军事大强人曹操，不仅消灭了袁绍的全部势力，而且还平定了塞外强盛的少数族乌桓，实力空前壮大。除了西北的关陇和东北的辽东部分地区之外，黄河流域均已落入曹操之手。中原既定，曹操马上动手经略南方。他在自己的军政中心邺县（今河北省临漳县西南），修筑玄武池以训练水军，为南征荆州预做准备。显而易见，如果孙权不能抢在曹操吞并荆州之前剿除黄祖，扩张自己的势力，届时曹操借新破荆州之胜势，以强大的兵力同时从西面和北面实施夹击，那江东就真是危如累卵了。

因此，孙权抓紧时间，在建安十三年（208 年）春天，第三次西征黄祖。

这一次西征，孙权志在必得，故而事先在军事上做了周密的准备工作。他派出多批间谍人员，打探黄祖方面的军事情报，所以在出征之前，他对敌方状况已经了如指掌。黄祖两次失利之后，知道自己的水军弱于孙权，在长江之上难以与对方抗衡，便把防务的重点放在陆地之上。精心选择之后，他又把陆地防御的中心，向上游迁移到了沔口。这沔口即今湖北省武汉市汉水汇入长江之处，因汉水当时又称为沔水而得名。沔口南临长江，西依沔水，地势险峻，易守难攻。黄祖移驻沔口后，即加固城墙，广筑战垒。他见沔口城西的地势较为平缓，来敌由此易于攻城，便在沔水汇入长江之水口处，设置了两艘蒙冲大舰，以防敌人水军由此进入沔水后，在城西顺利登陆进攻。这蒙冲大舰的船体高大，四周以优质厚木作成装甲，装甲板上开有射箭孔，舰上的五百弓箭手可同时发射强弩，真可谓是水上堡垒。经过这一番布置，黄祖自以为沔口已是固若金汤。

孙权针对沔口布防的特点，拟订了一个声东击西、出奇制胜的进攻方案。他把出征军队分为前后二部。前部一万人由周瑜统领，属下先锋官两名：一名是前面已经提到的青年将军凌统，另一名是勇将董袭，此二人都以擅长水战而闻名全军。前部兵士多带鼓角旗帜，其主要任务是突入沔水，在沔口城西登陆后发起佯攻，尽量吸引城中守军的注意力。后部一万五千人则由孙权自任主帅，其任务是趁沔口守敌努力防备西面进攻之机，从城东突袭沔口的城池。登城先锋官也是两名：一名是熟悉敌军内部状况的降将甘宁，另一名是智勇兼备的青年军官吕蒙。吕蒙字子明，汝南富陂县（今安徽省阜南县东南）人氏，他是对孙权向外发展起过重大作用的人物，这在后文将要详述。甘宁投奔孙权后，即与吕蒙结为至交。孙权令二人为登城先锋，正是取其能够相互密切配合，协力同心。

布置妥当，孙权即率大军逶迤西上，径取沔口。不数日，前哨来报，沔口在望。孙权命全军在距沔口十里处抛锚落帆，立营安歇。次日，孙权大犒士卒，命令各营做好战斗准备。待到下午申时红日西斜之际，孙权见时机已到，便下令前部发起进攻。咚咚咚三通战鼓响，前军主将周瑜麾下的五百只战船，载着一万健儿直奔沔水而去。黄祖站在沔口的城头，见敌军的满江征帆云集城西，自信地一笑，随即下令城内守军全力加强西面的防备。

周瑜的前部一接近沔水水口，那两只蒙冲大舰上就飞来一阵又一阵的箭雨，冲在最前面的船上兵士纷纷中箭落水。周瑜见状，立即向前部先锋官凌统和董袭二人耳语一阵，二将立即提刀各上一船。这两艘战船是事先准备好的冲锋舟，船体轻小，四周以生牛皮两层，作为防箭的外壳，每船内隐藏手持短刀的勇士三十名。二人上船之后，大吼一声，鼓棹如飞，驶向两艘蒙冲大舰之间的狭窄水道。大舰上的弓箭手迎着来船又是一阵猛射，但是那箭一触及生牛皮，便砰地一声弹落到水中。说时迟，那时快，两艘冲锋舟一前一后闯过狭窄水道，分别靠近两艘蒙冲大舰的舰尾岸边。凌统在西，董袭在东。二人各率三十名快刀手飞身上岸，直奔蒙冲大舰系在岸畔的缆索而去。一阵猛砍过后，十多条杯口粗的缆索全部被斩断。待到蒙冲大舰上的弓箭手醒悟过来，两艘大舰已经摇摇晃晃漂下长江去了。

周瑜见沔水的水口洞开，便指挥战船大队涌入沔水，停靠东岸。这时，正是夕阳西下时分，残照如血。上万健儿在沔口城西列队结阵，发动佯攻。黄祖见西面方向鼓角动地，旗帜蔽天，敌军蜂拥而至，心中暗叫一声："不好！"连忙把城内大部分守军调到西门去抵御来敌。

在沔口东面长江上静候佳音的孙权，听说前部兵马已在城西接战，立即命令后部开始行动。先锋官甘宁与吕蒙得令后，趁着朦胧夜色，各率两千敢死队员悄悄接近了沔口东门。到达城下，搭起云梯，百余名健儿在吕蒙的指挥下首先登上城墙。经过一场白刃战，吕蒙率队占领城门，并且开门迎入自己的部队。黄祖的守门将领再度率军抵挡。他与吕蒙刚刚交手，就被甘宁一箭射中右肩，落下马来。吕蒙策马上前，一刀将其砍死，其部下千余人随即溃散。

正在西城坐镇指挥的黄祖，遥遥望见东门火起，杀声震天，自知不妙。他长叹一声，带着儿子和几个贴身随从，悄悄上马来到北门，开门径向西北方向的襄阳逃去。黄祖一走，部下万余守军在孙权大军的围攻之下，纷纷弃械投降。吕蒙从降卒口中得知黄祖逃往襄阳，马上点起二百名精锐骑兵，飞奔前去追赶黄祖。黎明时分，吕蒙一行在安陆县（今湖北省云梦县）地界追上黄祖等人。一名叫作冯则的骑兵冲向前去，将黄祖擒住，当场砍下头颅。

这一场激战，以孙权大获全胜而告终。从地盘控制上说，孙权的统治范围已从长江下游扩展到了中游。从有生力量上说，孙权得到了江夏郡的居民数万人，还收纳了投降兵士近万名，实力明显增强。从个人名誉上说，孙权终于彻底报了杀父之仇，可以吐气扬眉。但是，孙权还来不及自我陶醉一番，另一场严峻得多的考验又开始了。这正是：

时机紧握擒黄祖，回转头来再鏖兵。

要想知道孙权此刻，将会面临什么样的严峻考验，请看下文分解。

第四章

赤壁雄风

话说建安十三年（208 年）七月，也就是孙权攻灭黄祖之后仅仅过了三个月，曹操就亲自率领大军二十万，南征荆州的割据者刘表。

洛阳至宛县（今河南省南阳市）的官道上，车辚辚，马萧萧，五色旌旗迎风飘扬。曹操骑在一匹黑色塞外骏马上，望着这前不见头后不见尾的浩荡大军，踌躇满志，得意非凡。

是的，曹操不能不得意。就在上一个月，他把东汉朝廷设置多年的三公（太尉、司徒和司空）执政制度废除，重新设立制度，由丞相一人来总领朝政，这丞相当然是由他自己来当的。从此，朝廷军政大权全部集中到他一人的手上，政由己出。东汉朝廷和皇帝虽然名义上还存在，其实早已经灭亡了。也就是在这一个月，他把雄踞凉州的军阀马腾及其家属内迁至洛阳，长期与自己闹对立的凉州眼看就要俯首听命。这次出征前，他还把一贯和自己过不去的大名士孔融投入监狱，使那些持不同政见者噤若寒蝉。现今，他又奉旨出朝，讨伐叛逆，威风凛凛，杀气腾腾。天下英雄，舍我其谁？他还能不得意非凡么？

此时此刻，驻扎在襄阳城中的荆州牧刘表，便没有如此愉悦的心情了。刘表，字景升，本为东汉皇室的远支。董卓之乱发生后，刘表受命出任荆州地区军政长官。他趁群雄逐鹿中原之际，在长江中游尽量扩张势力。经过将近二十年的惨淡经营，刘表北据沔水，南接五岭，辖地数千里，拥兵十余万，实际上已成为荆州的南面王。可是，最近一段时间里，这位风云人物却连连遭受打击。首先，他的得力部下黄祖在沔口全军覆没，荆州东面几乎成了门户洞开之势。虽然长子刘琦自愿去江夏收拾残局，但是短期内东部的防务不可能有太大的起色。其次，入夏以来，刘表感染了一种热毒，浑身上下生出红色的疱疹，奇痒难当，疱疹溃破后，流出黄色脓液，久不愈合。虽然遍请名医诊治，病情不仅毫无起色，反而日渐加重。最让刘表生气的，是长子刘琦至今不回来看望父亲。刘表病势加重之后，多次派人到江夏，叫刘琦回襄阳探望。然而刘表等候多日，却看不到刘琦的身影。诸般令人不高兴的事，使得偃卧病榻之上的刘表，精神颓唐，心绪恶劣。

不过，刘表万万没有想到，长子刘琦确确实实曾经返回过襄阳。

刘表有二子，长子刘琦，次子刘琮，均为前妻所生。起初，刘表见刘琦外貌很像自己，故而对长子特别钟爱。其后，次子刘琮娶了刘表后妻蔡氏的侄女为妻。蔡氏自然偏爱刘琮而讨厌刘琦。从此蔡氏便时时在刘表耳边说长子的坏话。刘表偏听偏信，对刘琦的钟爱便淡薄了。此外，蔡氏的兄弟蔡瑁，以及蔡氏的外甥张允，又推波助澜，在刘表面前诋毁刘琦。刘琦处境不安，于是听从友人诸葛亮的劝告，自愿到江夏郡去任太守。他接到父亲的信后，立即驰回襄阳探望父亲。蔡瑁、张允怕刘表与刘琦见面后，或许会让长子继承自己的位置，就以避免加重刘表病情为借口，阻止刘琦与父亲见面。刘琦无奈，只得流着眼泪回江夏去了。

曹操率大军来攻的消息，对于刘表而言，不啻是一道催命符。他气息奄奄地躺在病榻上，把权力和职位交付给次子刘琮之后，就永远闭上了眼睛。

倒霉的刘琮，刚刚当上荆州牧，还来不及摆摆威风，曹操的大军就进占了荆州的北大门宛县。刘琮急召部属商议对策，会场上一片主降的声音响起。刘琮其人，用曹操的评语来形容，不过是"豚犬"即猪狗一般的凡庸人物。他见大家都主张投降曹操，只得遵从照办。这年九月，刘琮派出使者北上到新野县（今河南省新野县）谒见曹操，正式投降。这样，刘琮就把荆州方圆数千里地域，以及上百万人口，拱手奉献给了曹操。

曹操做梦也想不到有这等好事，竟然兵不血刃就得到偌大一个荆州。所以刘琮的使者说明来意的那一刻，曹操还不相信这会是事实。待到确认此事非虚，他便乐滋滋地命令大军继续南下，去接收刘琮贡献的这一块丰厚礼品去也。

几家欢乐几家愁。刘琮的迅速望风投降，对于下面的三个人而言，绝对是突如其来的坏消息。

第一个人当然是江夏的刘琦。弟弟刘琮事先并未与他商量，就把荆州送给曹操。而江夏是荆州下属的一个郡，自己将何去何从呢？他感到十分为难，只好暂时观望一下再说。

第二个人是寄居荆州的刘备。刘备，字玄德，涿郡涿县（今河北省涿州市）人氏，是西汉宗室中山靖王刘胜的后裔。

他出生时家道早已没落，本人曾以贩鞋织席为生。东汉灵帝末年，他与河东郡解县（今山西省运城市西南）人关羽，还有涿郡的大同乡张飞，共同组织武装，发展势力。董卓入京之后，他也参加了讨伐董卓的联军，不久又随同群雄逐鹿中原。可惜他时运不济，好长时间里都没有什么大的建树。他先后投靠过公孙瓒、陶谦、吕布、曹操和袁绍等人，四处奔波，寄人篱下，到四十多岁依然两手空空。建安六年（201年），刘备在曹操的攻逼之下，南奔荆州投靠刘表。在这里，他结识了隐居隆中（今湖北省襄阳市西）的诸葛亮。在诸葛亮的指点之下，刘备确立了"跨有荆、益，以图中原"的战略发展总方针。曹操南攻荆州时，刘备等人正在襄阳城北的樊城（今湖北省襄阳市樊城区）练兵，准备迎战曹操。刘琮决心投降，事前也没有向刘备告知任何消息。待到刘备觉察到动静不对时，曹操大军已经越过宛城，距离樊城只有百余里了。这时的刘备，真是又惊又气，也无暇与刘琮理论，慌慌忙忙带着家眷、部属和随从百姓共十余万人，向南面四百里外的江陵县城（今湖北省荆州市荆州区）逃去。曹操一听到死对头刘备南逃，立刻命令五千虎豹骑兵精锐，日夜兼程追赶。刘备逃到距江陵还有百余里的当阳长坂（今湖北省荆门市南），被曹军追到了。一场血战之后，刘备与幼子刘禅，以及诸葛亮、张飞、赵云等数十人突出重围，其余人众和辎重物资，全部被曹军掠走。

第三个人则是孙权的得力谋士鲁肃。鲁肃自从向孙权进献战略发展总方针之后，一直留心观察西面荆州的动向。刘表死讯传到江东，鲁肃立即向孙权进言说："荆州与我们邻接，江山险固，沃野万里，百姓富庶。如果据而有之，可以成就帝王之大业。现今刘表新亡，二子不和，下面的部将，随之分为两派。寄居荆州的刘备，本是天下之枭雄，只不过与曹操作对，才暂时投靠刘表而已。刘表生前也疑忌刘备之才能，不愿重用。如果现今刘备能够和刘表的儿子部属同心合力，那么我们就应与他们结为同盟；如果他们内部出现分裂，我们就必须另作打算。我现在请求主公，让我以你的名义去荆州吊丧，借机与其军队的掌权者联络感情，同时说服刘备，让他团结荆州的力量，与我们共同对付曹操。我们如果不赶快行动，恐怕曹操就要抢在我们前头了！"

孙权觉得鲁肃之言有理，当下即请鲁肃西上荆州。鲁肃船到沔口，听到曹操大军南下的消息，心内不免焦急，便日夜兼程往前赶路。船到江陵，鲁肃从逃难百姓口中得知刘琮已经投降曹操，刘备等人正向江陵撤退过来，不禁为时局变化之快速和突然而大吃一惊。论理来说，此时荆州形势既然大变，鲁肃已经难以完成当初预定的使命，尽可以径自返回江东，去向孙权复命。然而忠诚而且果敢的鲁肃，一心想为江东多争取盟友，于是将个人安危置之度外。他马上从陆路登程，向北驰往纷乱的襄阳，去会见刘备。赶到当阳长坂南面二十里时，风尘仆仆的鲁肃，终于与突围而出的刘备等人相遇了。

鲁肃先代孙权向刘备致意，然后询问对方的打算。刘备说是想越过岭南，去投奔老朋友，即苍梧郡（治所在今广西壮族自治区梧州市）的太守吴巨。鲁肃认为这不是长久的办法，力劝刘备与孙权联结同盟。刘备与诸葛亮都觉得这是一条出路，便改道向东，再由沔水东下，最后至江夏郡鄂县的樊口（今湖北省鄂州市东）才住下来。

这边曹操到达长江北岸边的江陵之后，在此大规模建造战船，广集军资，训练水军，准备乘胜顺江东下，好好收拾刘备与孙权。诸葛亮闻讯，自告奋勇对刘备说："事情十分危急了，请派我去向孙将军求援吧！"于是诸葛亮与鲁肃立即起程，到下游去见孙权。

鲁肃西上荆州吊丧，孙权关心荆州局势的发展，也起身上行到柴桑县（今江西省九江市西）住下，观望动静，等候消息。鲁肃来到柴桑，先向孙权报告了荆州的近况，然后说明诸葛亮的来意。孙权听说曹操不费吹灰之力得到荆州，马上意识到自己处境极其不妙，随即吩咐鲁肃，马上安排接见，想看看诸葛亮将会怎样说。

谁知诸葛亮一见孙权，说了一番曹操力量如何强大之后，便劝告孙权举手投降曹操。孙权望着这位眉清目朗而年岁与自己差不多的使者，心里暗想："你又何须用话来激我！"于是接口反问道："如君所言，那么玄德将军又何以不投降曹操呢？"

诸葛亮微微一笑，答复说："刘将军乃大汉皇室之后裔，英才盖世，众士仰慕，他这样的人物怎么会屈膝投降曹操呢？"

家世门第原本就不高的孙权，听到这几句话倒真的有些动气了，他被诸葛亮带进了设想的节奏，愤然作色道："我也绝不肯拿江东这么大的地盘和十万军队，去受他人的任意摆布！我已打定主意与你们刘将军联合抗曹。可是，你们刚刚在当阳大败，又有什么力量再和曹操相抗呢？"

诸葛亮见孙权明确表示了抗曹的态度，暗中松了一口大气。他不顾孙权语含讥讽，诚诚恳恳地说道"我们虽然新败于当阳，但是现今失散回来的战士和关羽的水军，加起来也有将士万人。另外，与我们合作的江夏刘琦，也拥有不下万人的兵力。至于曹操方面，他的军队人数虽多，但是经过长途跋涉之后，已经疲乏不堪，成为射不穿薄薄鲁缟的强弩之末；何况其战士多为北方人，不长于水战；此外，现今荆州的百姓，又不拥戴曹操。如果孙将军愿意派遣猛将统兵数万，与我们同心协力，必定能够击败曹操。一旦曹操败退回北方，鼎足三分之势就形成了。所以成败的机会，就在我们眼前！"

听了诸葛亮一番坦诚的陈述，孙权开始转怒为喜，他感到高兴的原因有两条。第一，不管刘备现今的实力究竟如何，自己总算得到这样一个比较可靠的同盟者，至少心理上的压力大大减轻了。其实，孙权心里很清楚，刘备一方即使加起来有两万兵马，在新受重创之后，战斗力也不会很强，抵抗曹操的主力，非我江东将士莫属。不过，与强敌对抗相争，有人在旁边为自己呐喊助威也是好的，何况刘备总还有些实力可投入战斗。第二，诸葛亮的分析，使自己看到曹操方面也有弱点，也不是无懈可击。当下孙权设宴款待诸葛亮，并且在大会群臣充分计议之后，再就联合抗曹问题给予正式的答复。

次日上午巳时正，相当于现今上午的 10 时，孙权及其文武部属齐集于议事大厅。在正中高坐的孙权，扫视了一下神情严肃的众人，正待发话，却有一个心腹左右急匆匆地来在近前，向他呈上一封书信。突然受到打扰，孙权心中有些不悦。但是，当他察觉这封书信来自曹操时，立刻冷静下来。他把信交给坐在首席的老臣张昭，吩咐道："张公，请你向大家宣读吧！"大厅里寂静无声，只听得张昭念道：

　　近者奉辞伐罪，旌麾南指，刘琮束手。今治水军八十万众，方与将军会猎于吴。

　　曹操信中的意思是说，最近我奉天子命令讨伐有罪之人，战旗刚刚指向南方，荆州的刘琮就举手投降了。现今本人已经出动水军八十万之众，正要同你孙将军相会，在你们的吴县一带共同打一场猎如何？

　　短短三十个字的书简，送来一股阴森森的杀气。这哪里是什么约人共同打猎的请求，分明是恐吓对方的挑战书！曹操很懂得幽默，他不说"踏平江东"，而说"会猎于吴"；曹操也很懂得夸张，他能把实际上只有二十万多一点的人马，说成是"八十万众"。然而就是这样一通文学意味很浓的挑战书，竟也把孙吴的大多数文职臣僚吓得魂不附体，大厅中一些人，心里顿时慌乱起来。张昭手捧信纸，神色呆滞，半天不知落座。倒是孙权还算沉得住气，缓缓说道："今日聚会，正是为了商议此事，诸位都请发表高见吧！"

以张昭为首的文臣，心中只想到如何保全自己的家眷财产。投降，投降，投降，他们都想说出这两个字，但又不好意思率先说出来，于是便都沉默不语。

在武将中间，主将周瑜因紧急公事出使鄱阳县（今江西省鄱阳县东北）而缺席，座中就数程普年龄最大而资望最高了。他和其他几位将军都倾向于抗击曹操，但是考虑到敌方有八十万人马之多，取胜毫无把握，不好仓促发言，也就同样沉默不语。

孙权见众人一言不发，只好向张昭示意，请他先说。此刻，张昭也终于想好了几条理由，便说道："曹公挟天子以令诸侯，我们如果拒绝服从他，就是不服从汉朝，事理上先就不顺。我们所凭借者，只有长江的天险。现今曹操已得到荆州，水陆俱下，长江天险已经变为敌我双方所共有。另外，敌众我寡，力量悬殊。因此，我个人以为最好是迎接曹公到来。"

张昭不说"投降"，而说"迎接"，大概也觉得明说"投降"实在羞耻。不过，那些主降派一听就明白了他的意思，立刻七嘴八舌附和，会议便出现一边倒的局面。

鲁肃坐在一旁，看着这些衣冠楚楚的人物大谈投降之论，心里又是轻蔑又是愤怒。他毕竟是胸有城府的人，所以在此时此刻还能保持沉默。

孙权没有想到自己素常敬重的张昭，在危急关头竟然如此靠不住，更没有想到附和张昭者竟然还大有人在，以至投降之声不绝于耳。他注意看了看鲁肃，知道他心里有话要说而不愿当众说，便向鲁肃使了个眼色，假装要更衣，离座出外去了。

当时所谓的"更衣"，并非真的要去更换衣服，乃是上厕所的文雅说法。鲁肃会意，便跟了出来。来到走廊之上，孙权回身握着鲁肃的手，轻声问道："子敬你想说什么呢？"鲁肃不禁心中一热，同样轻声回答道："我认为刚才众人的议论，对主公您本人只会造成祸害！以现今的情势而论，我可以迎接曹操，而主公您却绝对不能。为什么呢？我投降了曹操，可以接受他给我的一官半职，依然能够生活得优哉游哉。但是，像主公如此尊贵的人，一旦投降了曹操，还能够有什么好的归宿吗？请主公千万不要听信投降的谬论了！"

孙权一听，大受感动，长叹一声说："诸人之论，使我大失所望。只有子敬你的看法，才和我心里想的完全相同啊！"

鲁肃接着建议，立即派遣特使，尽快奔往鄱阳召回周瑜，共同早定大计。孙权将鲁肃之手紧紧一握，抽身返回议事厅，宣布暂时休会，三日之后再议。当下指派急使，乘快马日夜兼程驰往鄱阳。鄱阳县距柴桑县不到三百里，急使出发两天后，周瑜就赶回了柴桑。

三天之后，议事厅再度冠盖云集。会议一开始，周瑜就慷慨陈词说："曹操虽然名义上是汉朝的丞相，其实却是危害汉朝的奸贼！主公以英武之才，据有江东，地域宽阔，兵精将广，应当为汉朝去除奸贼才对，岂能去迎接奸贼曹操！"这堂堂正正的开头几句话，针对张昭提出的"事理不顺"这一条加以有力的迎头反驳，顿时镇住了全场。

周瑜继续说道："现今北方并未完全平定，关西的马超和韩遂是曹操的后患；曹军放弃鞍马，使用舟船，又是舍长用短；现今时值隆冬，曹军即便想策马扬鞭，也缺乏饲马的草料；曹军远来南方，又不习水土，必定会生疾病。以上四方面的情况，都是曹操用兵的不利之处，然而他却硬要贸然行动。所以我们擒获曹操，现在正是好时候！请求主公您配给我数万精兵，向西进驻夏口（在今湖北省武汉市武昌区），保证为主公您击破曹操！"

周瑜说毕，全场无声。孙权猛然站起，一双碧眼，目光如电，扫视众人，然后厉声说道："曹操老贼早就想废除汉帝自立了，只不过顾忌袁绍、袁术、吕布、刘表和我，才不敢付诸行动。现今上面数雄已被消灭，唯我尚存。我与老贼，势不两立！"说到此处，他刷地抽出腰间宝刀，一刀砍在面前的奏案上，一字一顿地说："诸位敢有再说应当迎接曹操者，他就要得到同这奏案一样的下场！"一番关乎此后历史发展进程的重大会议，便以年轻孙权这掷地作金石声的话语作为结束。

当天晚上，周瑜又去谒见孙权。二人携手入室坐定，周瑜开言说："主公，诸人看到曹操信上自夸有八十万众，就完全信以为真，这实在太可笑了！据我所知，曹操的实际兵力并没有这么多。他从北方带来的不过十五六万人，而且都是疲乏之兵；他得到的刘表降兵最多七八万人，而且他们对曹操并不信任。这样的军队人数虽多，却并不可怕。我只要有五万精兵，就足以制服曹操，愿主公勿虑！"

孙权一听，心中更是大感欣慰。他靠上前去拍着周瑜的后背说："子布（指张昭，张昭字子布）诸人，都为自己打算，令人失望之至。只有你和子敬与我同心，这真是上天让你们二人来辅佐我啊！五万精兵一时难以全部调集，已经选好三万将士，船粮兵器都已准备妥当。你与程公（指老将程普）先行出发，我在后面继续征调人马，多载粮草，充当你们的后援。你们能击败曹贼最好，如不能胜，就回军与我会合，到时候我要亲自与曹贼决一雌雄！"

　　就这样，二十七岁的孙权，与三十四岁的周瑜，一同把脊梁骨坚强地挺起来，共同面对五十四岁的军事老强人曹操。孙权将前线三万人马，分为左、右两部，任命周瑜为左部督，老将程普为右部督，由周瑜统一指挥。另外，又任命鲁肃为军事参谋，协助周瑜筹划军事方略。

　　至此，孙氏政权的战争机器终于全速开动，一场永垂青史的经典性大战，就要开幕上演了。

　　那边在樊口等候回音的刘备，才真是度日如年。他天天派人到长江边上瞭望下游的来船，看孙权的水军是否来到。这位屡败屡起的英雄，此时年已四十有八。他深知，这一次诸葛先生的柴桑之行，决定着自己今后的命运，如果孙权不同意发兵救助，自己将永远不能重整旗鼓了。一日，下人来报，说是江东大兵已经来到。刘备大喜，急忙策马来到江畔，但见大江之上，上千只战船扬帆东来，队列齐整，旌旗鲜明，居中一只大舰之上，站着一位英气逼人的青年将军。刘备知道是周瑜率领救兵来到，也顾不得自己的地位，跳上一只小船，屈尊去迎接周瑜。

　　二人相见，寒暄已毕，刘备便开口问道："孙将军决心抗击曹操，实在是英明之举，但不知公瑾带来多少将士？"

　　周瑜竖起三根手指，答道："三万。"

刘备点了点头，不无遗憾地说："可惜少了一点。"

周瑜微微一笑，那笑意深沉难测。或许是笑对方不晓军事，只知道以人数多寡来衡量实力；或许是笑有人来救援你刘备就已经不错了，你还要计较救兵的多少么？于是朗声回答道："这些兵力已经足够了！请刘将军看我如何击破曹操！"

周瑜胸有成竹的神态，使刘备又是惭愧又是高兴。随即命令自己属下的一万水军，也随从周瑜出发，一同西上迎战曹军。

孙刘联军来到沔水汇入长江的沔口，还不见曹军的踪影，于是继续西进。船行百余里，到达一处名叫赤壁（今湖北省赤壁市西北）的地方，周瑜命令全军在南岸停下来，在他精心选定的这一决战之地，好好休整备战，等待曹操水军的到来。

据说"赤壁"之得名，是因为此地长江南岸的岩壁，呈现出赭红的颜色。现今此处已经成为著名的三国遗迹。赤壁西距江陵约八百里水路，东距柴桑也约八百里水路，至于与江东腹地的距离，水路至少也在一千五百里以上。知道了赤壁的具体位置，再略微计算，我们就会发现一个重要的事实：即曹操大军到达江陵之后，再继续向下游推进的速度，突然变得非常缓慢了，下面就让具体数据来说话。

先看孙刘两家这一方。前面已经说了，刘备一行是在当阳县的长坂被曹军追上，同时在此遇见了鲁肃，并且立即与鲁肃离开长坂的。因此，刘备与鲁肃相遇的这一天，实际上就是孙刘两家为赤壁水战开始备战行动的第一天。

再看曹操这一方。长坂南距江陵不过百余里，曹操的骑兵部队一天之内足可到达。既然曹军一直在向南快速推进，那么刘备与鲁肃离开长坂之后的第二天，曹操大军的前锋到达江陵之日，实际上就是曹操为赤壁水战开始备战行动的第一天。只不过曹操的第一天，比起孙刘两家的第一天来，仅仅只晚了一天而已。

孙刘两家的备战进程是怎样的呢？刘备与鲁肃从长坂一同向东，经沔口至樊口，至少需要五天；诸葛亮自告奋勇与鲁肃一同由樊口至柴桑去见孙权，至少需要两天；孙权在柴桑商定大计，下定抗战决心，至少需要五天；孙权从江东调集大军至柴桑，至少也需要五天；周瑜由柴桑逆流而上至赤壁，至少需要三天：以上进程共计二十天。减去曹操一方备战要晚的一天，也只有十九天。在此十九天内，孙刘两家在长江浪涛之上来来往往，奔波了至少两千五百里以上的距离，完成了一系列的备战环节，早已经在赤壁养精蓄锐等待多时了，而曹操从江陵顺流而下的水军，才慢吞吞地行驶了八百里来到赤壁。这与曹军从新野追击刘备，一日一夜行军三百里的速度相比，相差真是太大了！

曹操水军向下游推进非常缓慢的原因，正在于周瑜与诸葛亮已经预料到的几大用兵之忌。一是过度疲乏。曹操七月兴兵南征，将士的动员应当比这更早。及至江陵，人马已经在外奔波将近四个月，真是如曹操自己诗中所言，已经"铠甲生虮虱"了！二是水土不服，疾病蔓延。曹军主力来自北方，本来就不适应南方潮湿闷热的环境气候。加之人数太多，卫生条件恶劣；炎夏出军，没有带足御寒衣物，士卒到江陵上船，被初冬寒冷的江风吹得瑟瑟发抖，一时间，疾病流行，难以控制。三是不惯乘舟。曹军北方兵士，多半从未在大风大浪中乘过舟船。这些疲乏之卒登舟之后，无法承受长江上的大风大浪猛烈颠簸，无不呕吐呻吟，痛苦万状。总之，自江陵东下的曹军，早已显露疲惫不堪之态，这行军的速度又怎么能够快速得起来啊。

那么周瑜到达赤壁之后，为何会在此处停留下来，耐心等待曹军的缓缓来到呢？

原来，这赤壁乃是周郎精心选定的决战之地，其中不仅大有玄机，而且玄机还是决定战局胜负的关键所在。拙著《三国名将》关于周瑜的部分，对此曾有详细的解读，这里只选择其中要点进行简略介绍。

玄机,首先藏在地面之上。早在建安十一年(206 年),周瑜就曾经亲自率领大军长途奔袭,一举攻占了江夏郡的西南军事要地陆口,而陆口就在赤壁的旁边,相距仅有 10 里左右。周瑜攻灭黄祖后,陆口已经打造成为孙吴辖境西端最大的军事据点,在这里迎战对手,不仅因为周瑜对这里的天时、地理早已经非常熟悉,而且还因为此处早已打下坚实的军事基础。

玄机,又还藏在江流之中。据笔者本人的实地考察,长江在此处的江段,先从西南流向东北,刚刚流过赤壁,就急剧转向正东。赤壁上游,江面宽度在 1 500 米左右;而赤壁下游,则猛然扩大到 3 000 米以上;唯有赤壁所在的江面,仅有 1 100 米左右,就像是健身哑铃的形状,中间小而两头大。由于江面在赤壁迅速收窄,流速随之增大,因而水流非常之湍急。加上流过赤壁的水道又猛然转向正东,汹涌的水流冲击北岸受阻,对后面形成强力的冲顶,使得赤壁江段的水势更加湍急复杂。古代非机动的传统木船,要想在此处对敌作战,还要冲锋转弯,绝非短期就能练成的水上本领。孙吴的水军,那都是船上生、船上长的健儿,在此完全如履平地。而曹操的水军,占领江陵后临时抱佛脚,上船训练了才二十天左右,好比是在汽车驾校中刚刚学会了点火起步,就放到水情如此险恶复杂的长江之上，同孙吴的精锐水军去较量，去 PK。老实说，就是周郎不用火攻，你曹操也肯定赢不了！

建安十三年（208 年）十一月，赤壁大战在赤壁江段的长江之上展开。

在南岸立营的联军主将周瑜，命令前锋黄盖老将军率战船二十艘，先做一次试探性进攻。黄盖字公覆，乃零陵郡泉陵县（今湖南省永州市）人氏。他先随孙坚，中随孙策，后随孙权，是孙氏的三世老臣。其人不但勇不可当，而且富有战斗经验，故而周瑜选派他去测试敌方的虚实。

曹操见一队敌军来攻，便令荆州水军降将蔡瑁迎战。蔡瑁原本就不是黄盖的对手，且又无心为新主卖命，激战一阵后即引船退走。黄盖乘胜追至曹军近处，细心观察一番，方才回棹归营，向周瑜密报说："江北曹军人数众多，我们不能与之打持久战。我看到曹营的船只，彼此首尾密切接触，移动缓慢笨拙，如果使用火攻，必定能够奏效！"周瑜一听大喜，立即与黄盖商议具体的行动计划。

当天深夜，黄盖回营亲自写了一封书信，派一名干练可靠的心腹送至曹营。曹操闻讯，马上披衣召见来使。他接过书信拆开一看，原来是敌军先锋官黄盖要来投降，信中说："我受孙氏厚恩，常为将帅，本不应产生二心。不过，识时务者为俊杰，以江东六郡抗衡朝廷百万大军，人人都认为不可，只有周瑜和鲁肃两人，固执己见。我已决定投降，大军交锋之日，我将亲率前锋船队，径自奔往大营前来归顺！"

曹操看罢，对来使说道："投降可以，但是不准搞阴谋诡计。如果黄盖真来投降，自然会给他特殊的奖赏。"当下厚赐来使，令其回营复命。曹操也是绝顶聪明的人，他哪里会凭一纸书信就信以为真啊。不过，他只怀疑黄盖是否真的会来，却没有料到对方要在来船上做什么花样文章。

这边黄盖却在极其秘密地连夜准备。他调集数十艘快速轻便的战船，把灌满膏油的柴草装满船舱，外面用帷布包裹掩盖，上插牙旗，装扮成载人的战船。每船配备精兵六人，两人司舵，两人司帆，两人专司届时引火。一切准备停当后，黄盖令众兵安歇，静候次日决战时刻的到来。

次日上午，天色阴晦，江面上吹起冬季强劲的西北风。前面说了，赤壁江段的流向，是从西南流向东北，大体呈45度的斜角。当西北风吹到南岸高峻的岸壁之上时，又会遵照入射角等于反射角的原理，回过头去变成东南风。早已熟悉这种风向变化的周瑜，一见时机已到，立即传令全军，一齐向上游江北岸的曹军船队驻地，发起猛烈攻击！风急船利，半个时辰左右已经迫近敌营。肩负特殊任务的黄盖，亲率数十艘伪装快船冲在最前头。他来到距离曹营不远时，便击鼓发出引火信号。各船引火兵士迅速入舱点燃柴草，然后立在船头齐声高叫："投降了！投降了！"

曹操水军的庞大船队，笨笨拙拙，碰碰撞撞，艰艰难难，在激流中前来应战。船上的兵士听到对方"投降了"的呐喊声，纷纷停下船桨伸颈观望，更加造成船只队形的混乱，就好比现今高速公路上接连发生追尾而造成的大堵车一般。黄盖那二十艘来船迅疾如箭，到达距离曹军船队约半里处，忽地红光一片亮起，二十艘来船竟然变成二十条火龙呼啸而来，那些高喊投降的兵士，早已跳下小舟鼓棹而去。到了这时，曹操才知道自己确实上了大大的当了！

转眼之间，那二十条火龙分散开来撞入曹军的庞大船队之中，上千艘紧紧挤在一起的曹军战船，随之熊熊燃烧起来。火借风势，风助火威，曹军船队很快就被火海所吞噬，兵士们丢下武器，四散跳水逃避，秩序完全失去控制。周瑜望见火攻得手，便向主力船队下达全力进攻命令。只听得战鼓如雷，杀声震天，孙刘联军数万水上健儿一齐掩杀过去，直杀得曹军人仰船翻，滔滔长江水，一片血流红！

曹操毕竟是久经沙场的老江湖了。他一见二十条火船奔来，就知道大事不妙，连忙离开船队，乘坐小船逃上岸去避火。不料，火势蔓延凶猛快速，连岸上的曹军营寨也燃烧起来，吴军又趁势发起更为强劲的全线进攻。曹操见败局已定，长叹一声，便领着残兵败将，取道华容县（今湖北省潜江市西南），向江陵方向逃走。

不料华容道上有一段路要穿越沼泽泥泞之地，曹操兵马在此纷纷陷入泥潭，不能自拔。曹操急令士卒从四处砍来树枝杂草，铺填道路。正忙乱间，后面又有孙权的追兵赶来，曹操在心腹部将的保护下，仓皇夺路而逃。那些埋头铺填道路的士卒，顿时被踩死踏伤大半。这日晚上，加上次日的白天，曹操又是一日一夜行军三百里，只不过这已不是追击刘备，而是自己仓皇逃命了。

这一天的黄昏，曹操终于抵达江陵城。他望着在苍茫暮色之中巍然屹立的城门，脑海中不禁浮现出不久前由此率军东下的盛大场面。如今，浩浩荡荡二十多万大军，数千艘战船，以及难以数计的粮草器物，几乎荡然无存。他回头看了看身后两三千垂头丧气的残兵败将，觉得自己恍如经历了一场大噩梦。

曹操在江陵才休息了两天，就有紧急情报传来，说是敌方的周瑜已率大军西上进攻江陵，距此只有百余里了。曹操情知此地不可久留，便命令征南将军曹仁、横野将军徐晃，在此坚守江陵，折冲将军乐进，则去镇守襄阳，自己神色黯然地回转洛阳去了。

赤壁鏖兵，以孙刘联军获得全面胜利而结束。这场大战，开创了三分鼎立的初始局面，在三国历史的进程中，具有里程碑式的重要意义。但是，在赤壁大战当中，起决定作用的是谁？罗贯中的《三国演义》，推出的是诸葛亮，但其描述多是文学家的夸张虚构而非历史事实。孔明先生战前促成孙刘联盟有功，不过联盟能否实现，最终全凭孙权的一句话。即使是鲁肃和周瑜，也只能建议，也只能出力，而不能左右全局。真正起决定性作用者，非孙吴一方的领袖孙权莫属。在这一年，年轻的孙权才二十七岁，诸葛亮二十八岁，周瑜三十四岁，鲁肃三十七岁，刘备四十八岁，曹操则已经五十四岁。可见这场大战，不仅是弱者打败强者，而且是小将打败老将，前辈输给后生。"姜还是老的辣"这句俗话，在此已经不适用了，而应当是"自古英雄出少年"！这正是：

鏖兵赤壁传千载，自古英雄出少年。

要想知道赤壁大胜之后，孙权与刘备之间，还会发生哪些曲折有趣之事，请看下文分解。

第五章

孙刘联姻

赤壁大捷的消息，是鲁肃亲自回去向孙权报告的。激战进入尾声，前军主将周瑜看到大局已定，便请鲁肃先行东下报捷，以免主公孙权挂念太久。

这时，孙权率领后备兵马驻扎在沔口城中。一听下人来报，说是子敬先生前来报捷，船刚靠岸。孙权喜不自胜，连忙命令部下列队迎接。鲁肃下船后乘马来到孙权府邸门口，正待下马，不料孙权竟然急步上前，抓住马鞍，亲自把鲁肃扶下马来。这异乎寻常的尊敬表示，使得在场诸人叹羡不已，但是鲁肃却处之泰然。二人进入厅堂坐下之后，孙权先发问道："子敬，我亲自扶你下马，足以使你显耀一时么？"

不料鲁肃回答道："还不行。"众人一听，无不愕然。接着鲁肃又说："我希望主公威德加于四海，统一九州，建成帝王之大业。那时候主公用舒适的专车来接我，才真正是我最为显耀一时的光荣呀！"

孙权不禁拍掌大笑。他听懂了鲁肃的话外之音，意思是期盼自己按照鲁肃早已设计好的发展方略继续前进。当下二人交谈至深夜，孙权立即按照鲁肃的期盼，请鲁肃迅速返回前线，传令周瑜乘胜西进，夺取上游荆州至关重要的军事要地南郡。刘备闻讯，也急忙挥兵指向荆州的南部诸郡，前去抢占地盘。于是，孙、刘、曹三家，开始动手瓜分荆州。

欲知三家如何瓜分荆州这块大蛋糕，不可不先了解荆州的地理概况。当时的荆州，下辖七个郡，主要地域在今湖北、湖南和河南省，其平面呈北部小而南部大的葫芦形状。北部是南阳郡，治所在今河南省南阳市。中部有两个郡，东面是江夏郡，西面是南郡，治所分别在今湖北省武汉市江夏区、荆州市荆州区。长江由西向东，穿过南郡与江夏，将它们分为江北和江南两部分。荆州南部有四个郡，东北面为长沙郡，东南面为桂阳郡，西南面为零陵郡，西北面为武陵郡，这四个郡的地域，大约占荆州总面积的三分之二，其治所分别在今湖南省长沙市、郴州市、永州市、常德市。

曹操败退到江陵，稍微喘息之后，赶忙北还以避对方的兵锋，同时继续占领北部的南阳郡（治所在今河南省南阳市）。行前他留下大将曹仁镇守江陵，遏制敌军北进。周瑜率水军追到江陵，立营南岸，然后不断向江北的江陵城发动猛攻。与此同时，刘备与麾下将士则挺进到江陵的北面，准备截断曹仁的归路。曹仁见势不妙，急忙放弃城池向北退走，周瑜大军便得了江陵。此时，孙权已经率后备部队进驻到江夏郡的沔口（今湖北省武汉市汉阳区），他获知前线军队大胜，马上命令周瑜领兵据守南郡（治所在今湖北省荆州市荆州区），程普领兵守江夏郡（治所在今湖北省武汉市江夏区）。刘备一看荆州中部两郡已被孙权占领了，急忙从江陵抽身南下，去抢占荆州南部的四个郡。

经过一年左右的争夺，曹军退守北部的南阳郡；孙权则夺得中部的江夏郡和南郡；至于南部的荆南四郡，就全都落到刘备手中了。用形象的比喻来说，是一个葫芦横切成三段，曹操得到最小的上段，孙权得到中段，而刘备得到最大的下段。

就孙权与刘备这两位胜利者所得的利益而论，大体是均等的。孙权所得的江夏郡和南郡，其面积虽然只有刘备荆南四郡的三分之一，但是，这一地域襟带长江，交通便利，北通襄樊，西接巴蜀，是十分重要的军事形胜之地。刘备的荆南四郡，虽然偏远闭塞，但是幅员却相当辽阔。

对于这样的瓜分结果，孙权认为已经相当优待刘备了。赤壁大战之前，你刘备惶惶然如丧家之犬，毫无立锥之地；赤壁大战之中，你刘家兵马又只扮演了一个打边鼓的配角；如今你几乎是坐地分肥，一下子占有了四郡之地，整个荆州的一大半，你难道还不满意，还不感激我们么？

可是，刘备却并不作如是想。他觉得，荆州原本就是我们刘姓的本家刘表所有，现在驱赶走了曹操，荆州应当归还刘姓才对。你孙权自恃力量强大，硬把最为肥美的中部那一块抢了去，却把一大片蛮荒之地留给我，实在是不公平。不过，我现在还打不赢你，只好暂时隐忍，一方面发展力量，一方面则和你玩点心计。刘备打定主意之后，便专门委派诸葛亮到荆南四郡大量征调赋税物资，打下经济基础，然后运用经济力量积极招兵买马，扩充军队。同时，又想方设法，去染指周瑜新近打下来的南郡。

建安十四年（209 年）冬，孙权委任周瑜兼南郡太守，程普兼任江夏郡太守，吕范兼任彭泽郡（治所在今江西省彭泽县西南）太守，吕蒙兼任寻阳县（今湖北省武穴市东北）县令。孙权的辖地，东起长江口，西至三峡西端，真正实现了鲁肃"合榻密计"中所言，是"竟长江所极"了。以上任命刚一宣布，刘备就向汉献帝上了一通表章，向东汉朝廷推举孙权为车骑将军，兼徐州牧，为孙权捧场。

　　说到这里读者可能会奇怪了，当时的汉献帝是被曹操控制在手中的傀儡，而刘备和孙权刚刚才与曹操打了一场恶仗，属于生死冤家，那么刘备向汉献帝呈上表章，这表章曹操怎么会接受和批准呢？刘备岂不是在认认真真做空事么？此举毫无意义嘛！其实不然，刘备此举是有很深的算计的。

　　原来，在这个时候，徒有虚名的荆州牧刘琦死了。刘表的大儿子刘琦，在赤壁之战中参加抗曹有功，战后被刘备推举为荆州牧，以示奖赏。然而荆州地盘已经被别人分光，他这个荆州牧也就成了一个虚有其名的空头衔。而今，刘备的如意算盘是：我既然已经向汉献帝推举你孙权做了徐州的州牧，不管推荐的表章汉献帝收不收得到，批不批得准，你孙权总要还我的人情，也同样推举我当一个州的州牧才对嘛。如今刘琦新死，你孙权如果要推举，就很可能把荆州牧的官帽送给我。我在荆州已经占有四个郡的实地，只要再得到荆州牧的名分，就不怕打不进你的心腹要地南郡了。

在工于心计这一点上，不能不承认年轻的孙权，此时此刻要逊于老江湖刘备一筹。孙权果然中计，他在正儿八经以车骑将军兼任徐州牧的名分发号施令之后，也马上给汉献帝上表，推举刘备为荆州牧。在汉末的割据群雄中，这种彼此上表推荐官衔的把戏多的是，都是不管天子意下如何就袍笏登场了。当时把这种把戏叫作"相互委署"，意思就是彼此赠送官衔。

刘备正式以荆州牧的名义发号施令，便很自然而然地提出一个州牧府官署应当设在何处的问题来。荆州的治所，刘表时期一直设在南郡的襄阳县（今湖北省襄阳市）。赤壁之战后，襄阳一带依然在曹操实际控制之下，所以孙权控制的南郡郡治江陵（今湖北省荆州市荆州区），作为荆州中部的军事重镇和交通中心，便自然成为荆州的政治中心。刘备的州牧官署，论理应设在江陵。但是那样一来，南郡就不像是孙权所有了。刘备也知道孙权不会同意自己在江陵设立官署，便向孙权提出一个设署于油江口（今湖北省公安县）的请求来。

那油江乃是长江南岸一条支流，发源于武陵郡，流入南郡后不过三十里便注入长江，江口在江陵正南五十里左右，即现今湖北省的公安县。刘备之所以要在此设立官署，是因为这里已经进入南郡的地界，又与江陵接近，可利用的潜在价值不小。孙权与镇守江陵的周瑜商议之后，认为油江口虽然迫近江陵，但是那里是一片荒地，人烟稀少，刘备在那里掀不起什么风浪，便同意了刘备提出的要求。刘备得到答复，心中暗喜，立即前往该地建立官署，又把油江口正式改名为"公安"。公安者，大家都安定也，意思是请你孙权放心，从此我们都相安无事了。于是乎，刘备就在对方的南郡地盘上伸进了一只脚。

英雄也有糊涂的时候。孙权被刘备散放的烟幕所迷惑，误认为对方受自己的恩惠已多，应当是比较可靠的盟友，竟至于做出一件贻笑千古的大蠢事来。这件大蠢事，就是与刘备联姻。

原来，孙权的母亲吴氏夫人，生有四男一女。孙家小姐排行最小，又是唯一的女孩子，故而自幼最得父母和诸位兄长的宠爱。她长大成人之后，不仅外貌美丽，文思敏捷，而且性格刚强豪爽，喜好练习武艺，颇有乃父乃兄之风。由于孙家门第显贵，小姐又自视甚高，性情刚烈，所以长时间里找不到如意的郎君。建安十二年（207 年）吴老夫人闭目长逝时，心中最放不下的，不是孙家的江东基业，也不是年轻守寡的大儿媳妇，而是正当妙龄还一直待字闺中的宝贝女儿。母亲死了，作为一家之主的二哥孙权，在日理万机之余，也为小妹的终身大事焦心不已。

赤壁抗曹，孙权率军西上，在樊口与闻名已久的刘备初次见面。刘备当时虽已四十八岁，但是仍然仪形俊伟，器宇轩昂，在孙权心目中留下了良好的印象。后来得知刘备的嫡室夫人已死，身边只有一位侧室甘氏时，孙权心中不禁一动，暗想论门户地位和外貌才干，这倒是一个理想的对象。不过，孙权自感与刘备交往还不深，又觉得在年龄上刘备与小妹相差过大，加之当时战事方起，鹿死谁手尚未可知，所以孙权尽管心动，却并未提说此事。

刘备在公安建立州牧府署之后，孙权觉得荆州的局势大体安定，便想集中力量北渡长江夺取淮南，从东南方向挺进中原。但是当时在南郡镇守的周瑜，总对处于孙权侧背而且是上游的刘备不放心，一再劝告孙权要注意提防。为了争取刘备的真心支持，孙权左思右想，心中突然闪现出"联姻"两个字来。其实，孙权冒出这个念头也不足为奇，因为出于政治目的而联结婚姻的事例，那是古已有之。远的不说，即以东汉末年的情况而论，袁术欲结吕布为援，曾为儿子聘娶吕布之女；曹操为了安抚袁谭，为儿子曹整聘娶袁谭之女；曹操想拉拢孙权，嫁曹氏之女与孙权之弟孙匡。在这里，婚姻关系毫无男女双方的感情可言，完全成了政治交易的筹码。

孙权起心联姻，先就此事向周瑜征求意见。周瑜以臣僚和亲属的双重身份考虑了一番，认为这不失为一举两得的好主意，即可以笼络刘备，又解决了小妹的终身大事。周瑜只是担心小妹本人未必肯愿意，要孙权先去试探试探。

不料孙权亲自向小妹提说此事后，性格豪爽的孙小妹略一思忖，竟痛痛快快地答应了。原来这孙小妹向来眼光甚高，今生今世，非英雄人物不嫁；宁可独身终老，亦不愿与凡庸之人结为夫妇。刘备的创业经历，她早有所闻。她觉得此人屡败屡起，百折不挠，确实算得上一位胸有远志的英雄。虽然此人年岁偏大一些，但是比起那些稚气未除的青年男子来，或许更具有成熟气质之美。不过，此人是否真的具有成熟气质之美，必须亲眼见到才能知晓。因此，她提出一个条件，就是要自己亲自观察对方后再正式做出决定。孙权觉得小妹的要求合情合理，而且也不难实现，便一口应承下来。

不久，孙权西上巡视江夏郡和南郡，随带家眷前往。在森严的护卫之中，孙权的专用楼船平稳前进。这艘被孙权命名为"长安"的楼船，由江东临海一带造船技艺精湛的工匠，以优质木材建造而成。船身长约十五丈，宽四丈。当时的一尺，相当于现今的 24 厘米，所以十五丈约合今 36 米，四丈约合今 10 米。舱面建楼两层，内中有房数十间，可容四百人之多。全船装饰得富丽堂皇，生活设施齐备，在当时算是超豪华的巨型客船了。

随孙权出巡的内眷，一般的警卫人员只知道有孙权的夫人徐氏。少数几个贴身侍从，才知道同行的还有一位女眷，这就是主公孙权的胞妹。

不过半月光景，孙权视察完毕江夏郡，前往上游南郡的治所江陵。一日，船队到达南岸之滨的公安，靠岸停泊。孙权下船之后，在部属的簇拥之中，径向荆州的州牧官署去会见刘备。二人相见，畅谈一番别后相思之类的热情话语，自不必细说。谈话之间，孙权注意观察了一下对方，发觉在樊口时刘备身上显现出来的那种劳顿憔悴之态，而今已经消失无余；微觉丰腴的脸颊，较之以往更为白皙；举止言谈，亦更加精神振作，孙权心中一喜。不一会，下人来报，说是酒宴已经准备停当。于是二人入席畅饮，约两个时辰后孙权才告辞回船安歇。

按照礼节，刘备在次日上午，又亲往孙权专船作了回拜，陪同前往的则有诸葛亮、赵云等人。在专船上的大客厅中，宾主开始是友好谈话，接着又是欢乐宴饮。正值风和日丽之良辰，面对绿水青山之丽景，细品醇酒佳肴之美味，纵论古往今来之英雄，此时宾主的兴致，自然是比昨日更高了。

　　然而就在宾主欢聚的三个时辰中，大客厅旁的一间小暗室之中，有一双慧眼始终在观察着刘备。待客人散去，孙权便进入内室。室内只有孙权的徐夫人和自家小妹两人，她们见孙权进来，都微笑不语。

　　"如何？"孙权问道。

　　孙小姐不会忸怩作态，眉毛一扬说："差强人意。"

　　这"差强人意"一词，准确含义是比较令人满意，即大体还过得去。虽然距离十分满意还差那么一点点，却是正面和肯定的评价。现今常有媒体文章因其第一个字是"差"字，就误以为是差劲、很差之类的负面含义，那是望文生义的误解。孙家小妹生性高傲，不愿给刘备打满分，孙权心里当然明白，却故意笑了笑说："评价不高。"

　　徐夫人接口道："能够得到小妹这四字评语，已经是非常不容易了。"

　　孙权知道刘备已经通过了小妹亲眼目测的这一关，便慎重地问道："那我就向人家正式提说了？"

　　"悉听兄长安排。"孙小姐很轻松地回答。孙权和徐夫人听了，不由得都笑了起来。

　　三天之后，孙权离开公安，前往江陵。临行前一天，刘备设宴饯行。酒酣耳热，宾主尽欢之际，孙权说道："玄德将军，夫妇乃人之大伦。现今将军作牧荆州，机务繁剧，岂可使嫡室虚旷？我之小妹，正当妙龄，性行淑均，亦识大体，今尚待字闺中。若将军不弃，愿以家妹奉箕箒之役，不知意下如何？"

刘备一听孙权要把亲妹妹许配给自己作嫡室夫人，不禁有点意外。孙权有个出色的小妹，他是早有风闻，但是完全没有想到孙权会选中自己作为妹夫。从年龄上说，自己大概要比女方大三十岁；从政治利害上说，自己也不可能永远和孙权作盟友，那么孙权何要同自己联姻呢？难道他酒喝醉了？还是在耍什么花招？刘备正在沉吟之际，旁侧的诸葛亮举杯插言道："两位将军缔结秦晋之好，实乃可喜可贺之大好事！请满饮此杯，祝此人间美满姻缘早日实现！"

刘备经自己的智囊提醒，正要答话，孙权却先开口说道："玄德将军，终身大事，不可造次。我今前往江陵，十日之后即可回转。待我重过公安时，将军再给我明确的答复，如何？"

刘备连忙应允。酒阑人散，孙权回船径向江陵，刘备则和诸葛亮一起，琢磨联姻这件事的抉择。

经过反复考虑，两人形成一致的看法。首先，无论如何，孙权把自己的亲妹妹嫁过来，总不会有什么恶意。其次，如果说孙权有什么其他的目的，这目的不外是要把现有的关系搞得更加密切一些。第三，即使联了姻，今后的重大政治行动也可以不受其限制。第四，联姻对自己在荆州的势力发展或许有帮助。第五，拒绝联姻，将会暴露自己谋求势力发展的政治意图，与孙权之间的关系也肯定要恶化，这在当前自己力量还不够强大的情况下，是极不明智的举动。

结论是明确的：应当同意联姻。

在孙家小姐眼里看来是充满柔情蜜意的婚姻大事，先是被胞兄作为政治筹码抛出，在男方那里又被人家纯粹从政治利益角度仔细衡量一番，她还能够避免悲剧的结局么！

这一年的年底，婚礼在公安隆重举行。正值青春妙龄的孙家小姐，嫁给四十九岁的刘备，做了他最新一位嫡室夫人。两家地位非同寻常，婚礼自然是极一时之盛。不用说当时之人是如何艳羡不已，就是千载之后，也还有人津津乐道这段史事，而据此编成的《龙凤呈祥》戏码，至今还在戏剧舞台上展现光辉。罗贯中的生花妙笔，则把它写成"吴国太佛寺看新郎"的妙文。虽然这位"吴国太"，也就是所谓的孙权姨母，完全是罗贯中虚构出来的人物，然而读了他的文字，仍然令人拍案惊奇。

　　众人艳羡的新郎刘备，在洞房花烛之夜就吃了一惊。原来那孙家小姐自来尚武，以往在娘家时，手下侍婢数百，无不随她使刀弄剑。闺房中也是东边陈列图书，西边陈列兵器。来到公安，她一如既往布置洞房，这一来是她天性所好，二来也有试试丈夫胆量的意思。刘备送走宾客，带着几分醉意进入洞房。他举眼一看，只见花团锦簇的洞房之中，陈列着一排兵器架，架上的刀枪剑戟，闪耀着森森寒光。在当时，这种兵器架有一个专门的称谓，叫作"兰锜"。刘备一惊，酒醒大半。再看坐在床边的新娘，身旁侍立的四个俊俏婢女，也人人腰间斜挂宝刀，威风凛凛。刘备毕竟是见过大阵仗的人，他强压住心中不安，上来问候新娘。那四个婢女向刘备致礼后，微微一笑，悄然离去。

　　新婚之后，刘备才知道娇妻天生好武，略微放心。但是，卧室之中充满刀光剑影，妻子与自己的结合又具有强烈的政治色彩，这总使他不大自在。史称是"先主每人，衷心常凛凛"，这并非是夸张之辞。于是，新郎对新娘敬畏有余而亲爱不足，这场婚姻的第一条微细裂痕就出现了。好在新娘还不是那种狗肚鸡肠的小气鬼，因此夫妻生活也还平静无波。

　　次年春天桃花水发时，孙夫人提出想回江东探亲，并要丈夫一齐前往。刘备当时心里正在打主意向孙权借用荆州南郡这块地盘，以便有通道向西面的益州发展，便立即答允。当刘备告知诸葛亮后，诸葛亮却坚决反对刘备本人东下，理由是刘备可能遭到孙权的暗算。刘备认为内兄还不至于下此毒手，另外也不好意思在小自己将近三十岁的妻子面前收回承诺，便破天荒地不顾军师忠告，带领关羽、张飞等人，陪妻子回娘家探亲去了。

赤壁大战获胜之后，孙权即将自己的统治机构，从原来的治所吴县（今江苏省苏州市），往北迁到了长江南岸之滨的京（今江苏省镇江市东）。京的得名，是因为附近有一座京岘山。后来到东晋、南朝时，京又称作京口。其地北枕大江，南接孙吴的中心地区，即吴郡、会稽郡，就控制长江中下游而言，较之吴县更为有利。刘备夫妇到达京与孙权见面后，孙夫人继续南下，回吴县老家探望，刘备则留下来，准备向孙权商借南郡。

前面已经提到，赤壁大战后三家瓜分荆州，孙权夺得中部的江夏郡和南郡（除开襄阳一带依然被曹操占领的地区）。这南郡以重镇江陵县（今湖北省荆州市荆州区）为中心，往北可威胁宛县、洛阳，向西则可进取巴蜀。刘备要想实现诸葛先生隆中对策中所提出的"跨有荆、益"，"天下有变，则命一上将将荆州之军以向宛、洛，将军身率益州之众出于秦川"这一战略计划，便不能不占据南郡。可是现今南郡在孙权手中，镇守南郡者又是威名赫赫的周瑜，武力抢夺显然不行，只有凭借妹夫的身份，找些理由去商借，才有成功的可能。由于荆州的治所，当初刘表时长期在襄阳，襄阳就位于南郡之内；而刘备借到南郡之后，也将自己的荆州牧治所，设置在南郡之内的江陵。所以史籍对于刘备向孙权商借南郡一事，又曾简称为"借荆州"。到了后世，这"借荆州"三字，常常引起人们的很大误解，以为刘备是向孙权借得了整个荆州的地域。其实，不要说当时刘备的宿敌曹操，还依然控制着荆州北部的南阳郡；就是孙权手里，除了南郡，还有江夏郡一直握在手中，从未借给他人。因此，说"借荆州"就是借得荆州地域的全部，这实在是随意发挥的误说了。

一日，孙权邀请刘备一同游览城北长江之滨的北固山。时值"江南草长，群莺乱飞"之际，一江春水，波光接天，令人心旷神怡。刘备见孙权心情极佳，便以公安城池简陋，地狭民贫，既不能容纳前来投奔的荆州吏民，更不便于孙夫人居住为由，请求借用南郡。

孙权感到有些突然，而且兹事体大，并未立即表示可否。归来之后，立刻召集心腹部属商议此事。

众人一听刘备要借南郡，一致表示强烈反对，都觉得这个要求实在过分。你刘备坐得荆南四郡后不满足，要分南郡的油江口立州牧官署；进驻油江口后又得寸进尺，要借我们周公瑾血战一年才到手的南郡。真要借给你，荆州你就独得五郡，我们却只余江夏一郡，那赤壁大战我们不是白辛苦白流血了？于是，会场出现一边倒的局面，都反对出借南郡。大将吕范进而提出："刘备枭雄，其心难测，今若姑息，将生后患。不如趁他现今来到江东之机会，将其扣留！"

但是，座中有一个人的看法却与众不同。他认为目前江东的最大威胁仍是北方的曹操，如果让刘备居于南郡，就将在西方给曹操树立一个直接面对的强敌，对于我们从东南方向进取淮南是极为有利的，这个人就是坚决主张抗击曹操的鲁肃。

在赤壁之战前，主战的虽是少数，关键人物周瑜，却是站在鲁肃这一边的。这一次鲁肃就得不到周瑜的支持了。原来南郡太守周瑜，听说刘备从邻近的公安东下，立即写了一封密信与孙权，建议把刘备扣留，送到腹地吴县（今江苏省苏州市）去软禁起来，再把关羽、张飞分开加以监视，以免后患。

　　孙权考虑很久，最后采取了一个折中办法，他既不同意出借南郡，也没有把妹夫扣留，而是让其夫妇安然回转公安。他之所以没有扣留刘备，主要倒不是从妹妹的夫妇关系着想，而是觉得在政治上无利可图。因为扣留刘备，不仅会在荆州引起大动荡，给曹操以可乘之机，而且还会严重损害自己广揽英雄、礼贤下士的光辉形象。临行送别，孙权又与张昭、鲁肃等人，乘坐飞云大船送出数十里开外，大摆宴席之后这才依依告别，以抚慰刘备的那一颗失望之心。

　　刘备两手空空回到公安，心里已经很不是滋味。不久又得知周瑜和吕范都建议扣留自己，心绪更加恶劣。然而不知内情的孙夫人，却因回了娘家而兴高采烈。刘备见了，不免生出反感。夫妇之间不能吐露心曲，原有的微细裂痕，于是就迅速加大加深了。

　　孙夫人见丈夫自江东归来后变得沉默寡言，心知有异，正想找适当的机会询问，却被周瑜病死的意外消息突然打断。

　　原来，刘备安然回到公安府邸，周瑜知道自己的建议没有被采纳，认为有必要把孙权的注意力再度吸引到西面来，于是立即乘舟东下去见孙权。二人见面后，周瑜极力劝说孙权向西攻取益州（中心地域在今四川省），以便从益州和襄阳两个方向攻逼曹操。孙权同意之后，周瑜便赶回江陵筹备军务。不料旅途辛劳过度，船过沔口，他突然病倒在床不起。好不容易又拖到洞庭湖口的巴丘（今湖南省岳阳市），周瑜病势更加沉重。他自知来日无多，便勉力执笔写了一封短笺与孙权。笺中的主要内容有二：一是请孙权特别注意提防刘备；二是推荐鲁肃接任军队主将职务。数日之后，英名赫赫，"雄姿英发"的周郎与世长辞，终年仅三十六岁。后世流传的诸葛亮气死周公瑾故事，完全是无中生有的杜撰虚构，读者诸君千万不要被蒙蔽了！

孙权得到消息，悲痛万分。他遵照周瑜的遗愿，任命鲁肃为孙吴全军主将，接替周瑜镇守江陵。同时亲自前往上游的芜湖（今安徽省芜湖市），迎接周瑜的灵柩回到吴县安葬，以异常隆重的礼仪办理丧事。为了安慰周瑜的遗孀，孙权又命人前往公安，去接回素来与小桥夫人相好的小妹。

刘备和诸葛亮得知同意出借南郡的鲁肃出任主将，就觉得事情有可能出现转机。立即议定：趁孙夫人回转江东之际，请她在哥哥面前再提说借地之事；另外，由诸葛亮到江陵去拜会刚上任的鲁肃，请他在孙权面前帮忙说话。于是，诸葛先生西上江陵，刘备本人则开始做孙夫人的工作。

孙夫人临行前一夜，刘备屏退卧房中的婢女，长叹一声坐了下来。孙夫人见丈夫似有心事要向自己倾吐，便关切地走上前去询问。刘备把自己的意图慢慢说出，孙夫人才算明白了丈夫最近一段时间内闷闷不乐的真正原因。

丈夫的请求使孙夫人处于左右为难的境地。一方面这是新婚之后丈夫第一次求自己帮忙，很难拒绝；另一方面，她又不愿意向哥哥提出借用南郡的要求，原因主要有三。

第一，她认为这完全属于政治事务，自己不应当介入。在当初答允这桩婚事之时，头脑清楚的孙小姐就暗自给自己定下一条原则，即今后绝不过问孙、刘两家的政治事务。她知道，哥哥与丈夫虽然是盟友，却分属两个政治集团。如果自己参预政事，必将有所偏向，而手心、手背都是肉，偏向谁呢？所以一开始她就打定主意不问政治。替丈夫向哥哥借南郡，显然违背了这一原则。

第二，在她内心之中，也觉得丈夫的要求未免过分。已经拥有荆南四郡和公安，却还想要哥哥的南郡，只给哥哥留下一个江夏郡，这话怎么说得出口呢？

第三，在周瑜新亡之际提出这一要求，尤其不近人情。孙夫人清楚记得，南郡是周瑜经过整整一年的血战，才从曹操手中夺了过来的。这场血战中，曹军的强弩利箭曾经射中周瑜的右胸，险些要了性命。胸部重伤，严重损害了周瑜的身体健康，以致于旅途一番劳顿，就使他英年早逝。完全可以说，南郡是周瑜用生命和鲜血换来的。现今周瑜的尸骨未寒，灵柩未葬，就张口要借南郡，这不是太可怕了吗？

性格刚毅的孙夫人虽然年轻，却极有主见。她在如此一种两难境地中，既不像一般柔弱女性那样无所适从或者唯夫命是听，也不愿像一般狡黠女性那样对丈夫假意敷衍了事。她以委婉的语气明确告诉丈夫：作为女性，自己不能承担这种政治使命；不过你若愿意亲自写一封公函，自己倒是乐意带给哥哥。

对事情十分有把握的刘备，没有想到会碰到一个软钉子。他心想：如果写公函，那还用得着你带吗？他无可奈何地说道："这件事那就以后再说罢！"

临别前的一夜，就在不和谐的气氛中过去了。

次日，刘备送走妻子一行后回转府邸，心中郁闷，喝了一下午的闷酒。傍晚时分，下人禀报，说是诸葛先生自江陵回转来见，刘备大喜，急忙起身迎接自己的军师入内。二人坐下，不及寒暄，刘备便问："孔明先生，此行如何？"

"鲁子敬执掌江东兵柄之后，出言要比此前谨慎多了。关于借用南郡一事，他虽然未正面作答，但是言辞之间依然力主两家合力同心，共抗曹贼。据我估计，孙将军如果就此事征询其意见，子敬将会赞同。"刘备心中略感宽慰，接着又把孙夫人的态度告诉军师。诸葛亮沉吟一刻，提议直接致书孙权提出要求，对方应允了最好，不应允亦于我无妨。刘备也觉得机不可失，立即同意。

孙权料理完毕周瑜的丧事，就接到刘备以荆州牧名义写来的书信，列举了许多理由，要求暂借南郡。当然，最主要的理由，是说自己目前的基地在荆南四郡，与曹操之间还隔着南郡，所以无法出兵直接打击我们共同的敌人曹操。如果将南郡借给我，我就能直接从襄阳方向，倾力攻伐曹操，充分发挥同盟者的作用了。在鲁肃的极力赞同之下，孙权经过反复权衡，终于同意刘备的请求，将南郡暂时出借，作为刘备进击曹操的前沿阵地。一旦刘备夺得另一处能够直接进攻曹操的地区时，即将南郡归还。作为补偿，在借用南郡期间，刘备把长沙郡东北部让出，孙权在此新设立一个汉昌郡，令鲁肃从江陵移至下游汉昌郡的治所陆口（今湖北省赤壁市西北）驻守。至此，刘备和诸葛亮终于得到他们梦寐以求的南郡，即所谓的"荆州"。

从出借南郡一事可以看出：此时的孙权和鲁肃，在政治谋算上毕竟不如刘备和诸葛亮老辣。他们只想到利用对方打击曹操，没有想到对方可以从南郡西取益州，更没有想到对方得到益州之后会赖账，仍然不还南郡。从此事还可以看出：

赤壁之战后的近两年中，孙权和鲁肃的发展方针也是游移不定的。如果决定要从淮南向中原发展，那么上游就处在次要的地位，出借南郡就未可厚非。但是，如果决定要从荆州发展，北进襄阳，西攻益州的话，那么南郡就绝对不能拱手让人了。鲁肃初见孙权时，在"合榻密计"中提出的"王霸之略"，是以西方为主要发展方向的，孙权也衷心叹服。如今鲁肃主张出借南郡，已是有违当初的战略总设计；孙权起初拒绝，然后又应允，可见他的心中也还没有拿定主意。总而言之，英雄人物不是神，英雄要成为英雄，也还是得交一点点"学费"的。

刘备借得南郡，高高兴兴地把荆州牧官署迁往江陵。他的府署，就是周瑜和鲁肃镇守南郡时所居住的宅院，其堂舍宏敞，花木扶疏，较之刘备在公安的居处，那就气派多了。到江陵后，他就忙着从荆南四郡调集粮草军资，招募兵马，最大限度扩展军事实力。同时，又广泛聘用人才，充实自己的统治基础。虽然他这时还未完全占有荆州的地域，但是那种发号施令、指挥如意的气度派头，确实像一个州牧方伯的模样了。

这时，孙夫人回转荆州，环顾江陵新府邸那宽敞的庭院，又打量着志得意满的丈夫，她心中突然产生了一种陌生的感觉。

刚刚回来那几天，丈夫还能整日陪着她，谈些分别之后的思恋情事。此后，丈夫忙于军政事务，回家的时间越来越少，即使回家，也很少说自己在忙些什么。孙夫人婚后一直未曾生育，无儿女在中间调剂，两夫妇之间的话题更少了。独处无聊，孙夫人除舞舞刀剑外，便带领侍婢在宽敞的庭院中闲游。有一天，侍婢告诉她，这座宅院原先是周瑜镇守江陵时所居，她马上联想起小桥姊姊居丧期间那憔悴呆滞的面容，不禁悲从中来，再也不去那些亭台楼榭观赏风景了。

转眼之间，刘备借得南郡已近一年。他与孙夫人之间的感情日渐冷淡，但是他的军事实力却日渐增强。奇怪的是，尽管实力日强，他却根本没有向北出兵讨伐不共戴天的"汉贼曹操"，江陵以北与曹军相接的前线，也一直平静无战事。养精蓄锐的刘备，不愿把自己好不容易聚积起来的一点力量，往曹操这块大石头上碰，他眼睛瞄准的，乃是西面一块更大的"肥肉"，也就是有"天府之土"美称的益州。

可是，孙权到这时尚未看出刘备的意图，竟然写信邀请刘备共取益州。刘备自然立即回信拒绝，信中列举许多不能进攻益州的理由。其中最为冠冕堂皇的一条，是说益州牧刘璋现今自绝于曹操，乃是我们孙、刘两家的同盟，而同盟之间岂能"无故自相攻伐"呢？孙权不听这一套，命令堂弟孙瑜率领水军沿江西上，自行去攻取益州。刘备得报，立即分遣关羽、张飞、诸葛亮等率兵扼守沿江的重镇，强行阻止孙瑜西上，还对孙瑜说道："将军如要攻取益州，我就打散头发到深山去当野人，免得天下人耻笑我无信无义！"

直到这时，孙权才多少看出一点苗头来。不过他也无法可想，只好令孙瑜暂时退军。

不料数月之后，从上游传来紧急情报，刘备亲率大军数万，西进益州去了，荆州则由诸葛亮和关羽镇守。孙权勃然大怒，咬牙切齿地骂道："这狡猾的东西竟然敢欺骗我！"暴怒过后，孙权渐渐冷静下来。这时，他最懊悔的，不是推举刘备为荆州牧，也不是出借"荆州"，而是把小妹许配给自己政治上的强劲竞争者！他立即下令：派船接回小妹！

与此同时，在两千里外公安城中的刘备旧府邸，孙夫人在往日的洞房中独自垂泪。为了保守机密，丈夫在起程西进益州前三天，才让她知道自己的打算，而且以途中艰苦危险为由，要她留在荆州。性格坚强的孙夫人，忍住一腔哀怨，送丈夫登上战船。她凝望着渐渐远去的征帆，心里清楚地意识到：这段姻缘已告结束了！

丈夫走后的次日，她即吩咐下人备船，从江陵周瑜故宅移居下游的公安旧府。当时，刘备侧室甘夫人新死，甘氏所生的儿子刘禅年仅五岁，由孙夫人带养。诸葛亮听说孙夫人带着刘禅东去，以为母子要回江东，急令赵云领兵前往码头夺下刘禅。孙夫人见刘备部属如此提防自己，以至于诉诸武力，便真的生出"不如归去"之心。

不到一月，孙夫人孑然一身回到江东。这场被后世文人艳称为"龙凤呈祥"的婚姻，历时不过两年，就以悲剧告终了。这正是：

龙凤呈祥成笑柄，夫人独自下江东。

要想知道孙权在此番上当受骗之后，又会如何总结教训，重新奋发振起，请看下文分解。

第六章

淮南鏖兵

孙权毕竟是有胸襟气度的英雄，在被刘备大大欺骗一回之后，其表现与常人不同。首先，他没有怨天尤人，自暴自弃，而是认真反躬自问，总结教训。他痛感自己在阅历、经验、见识和判断上还有所欠缺，因此挤出时间来阅读大量的书籍，借以增强能量，提升自己。其次，他没有立即报复刘备以图一时之快。他知道，在目前一段时间里，曹操仍是最危险的敌人。只要刘备势力对自己尚未构成严重威胁，就可以暂时隐忍心中的不满，以求共治曹操。于是，他暂时放下西方的荆州，转向其他方向发展。

建安十五年（210年），孙权趁交州的地方官员内部出现纷争之机，派遣大将步骘，率军挺进岭南。经过一年多的战斗，位于岭南地区的交州，其属下的南海、苍梧、郁林、合浦、交阯、九真、日南七郡之地，全部归服而纳入孙吴的版图。当时的交州，其主要地域在今广东、海南两省和广西壮族自治区。至此，孙权的统治范围，已经到达南海之滨。

南方大定，孙权便将行政中心再次做出变动，从京迁往长江上游的秣陵县（今江苏省南京市）。孙权统事之后，其官署最初一直设在吴郡吴县，即今江苏省的苏州市。赤壁大战得胜，他的势力向西扩张，其官署随之移至丹杨郡的京，即今江苏省的镇江市。但是，京的形势气象，终归不及秣陵的宏大开阔。这秣陵古称金陵，乃春秋时期楚武王所置。其地东依钟山，北临长江，南傍淮水（即今秦淮河），尽得山川灵秀之气。秦始皇三十七年（前210年）东巡至此，以金陵有王者都邑之气象，竟然派遣人力掘断其东面的逶迤山冈，又将金陵改名为秣陵。孙权的谋臣张纮，早就劝说孙权将行政中心迁移到此，一直未果。刘备东下求借南郡，也向孙权提出过类似的建议。但是，那时的孙权，是企图从广陵郡（治所在今江苏省扬州市西北）方向进攻徐州，进而逐鹿中原，而京的城池正与广陵隔江相对，占有地利的优势，所以他的行政中心依然设在京而未动。

到了建安十六年（211 年），孙权改变初衷，将行政中心迁往秣陵。次年，又在秦淮水汇入长江处的东岸，修建一座军事要塞，叫作石头城，作为秣陵西面的坚强屏障。石头城竣工之后，孙权亲临视察。他登高远眺，但见"钟阜龙蟠，石城虎踞，真帝王之宅"！他心内大为喜悦，遂乘兴将秣陵改称为"建业"。建业者，建立帝王大业之意也。

孙权何以此时要将治所上移至建业？原来，他已经决定大举用兵淮南。

当时所谓的淮南，乃是与建业隔长江相对的一片地域，因为位于长江之北、淮河之南，故名淮南。具体而言，此处的淮南又专指当时扬州所管辖的两个郡，即九江郡和庐江郡（治所分别在今安徽省定远县西北、庐江县西南）。九江郡在庐江郡的东北，其辖地在今安徽省的合肥市、滁州市、蚌埠市、寿县一带。庐江郡在九江郡的西南，其辖地在今安徽省的安庆市、六安市、无为县，以及湖北省东边的一部分。孙策攻占江东，庐江郡曾经落入孙氏之手。孙权统事之初，政局一度波动。对江东觊觎已久的曹操，立即派遣公务干练的刘馥为曹魏的扬州刺史。刘馥奉命，单马来到九江郡的合肥荒城（今安徽省合肥市），建立行政中心。他招集流民，屯田积谷，勤修战备，数年之间，便把九江郡建成进取江东的可靠军事基地。此后，他又乘势攻占庐江郡的大部，对江东构成了不小的威胁。

孙权此时决心用兵淮南，是他反复考虑的结果。早在赤壁之战刚刚结束的建安十三年（208 年）十二月，孙权得知敌方的扬州刺史刘馥最近死亡，便借破曹之胜势，亲率大军围攻合肥。由于合肥守敌的战备充分，孙权一时未能得手，只好退回江东。此后，他一度想从广陵方向进取北方。经过一再思量，他认为还是以淮南为主攻方向为佳。首先，广陵过于偏东，由此进攻中原绕道太多，而由淮南挥兵北进则更为直捷。更为重要的是，由淮南进入中原，早有现成的水路，若取道广陵则无此便利。江东军队擅长水战，水路运输又是最为省力便利的运输方法，淮南的芍陂（在今安徽省寿县南）一带还是曹军的屯田区，得之即可解决军粮的供给问题。所以孙权最终仍然决定用兵淮南，就是很自然的事了。

俗话说："莫道君行早，更有早行人。"就在孙权准备从淮南挥兵北进的时候，曹操却抢先一步率军南下，准备从淮南方向前来攻取江东。

这是建安十七年（212 年）的初冬，大地上的景色，正如《诗经》所描绘的"蒹葭苍苍，白露为霜"。曹操出动水步骑三军约十五万，号称四十万，杀气腾腾直奔淮南，要雪赤壁败逃之耻。曹操兵马还未出发，早有探子将消息传回江东。孙权得报，立刻动员调集精兵七万，准备迎战。同时，又在建业的官邸召开紧急军事会议，研究对敌方略。

　　会场上，一些有勇无谋的将领流露出盲目乐观情绪。他们认为，赤壁之战时我方仅出动三万人马，就把曹操号称八十万的大军杀得大败而逃，足见长江之上无人能与我军一较高下。现今我方出动的兵力两倍于当初，而敌方兵力则只有当初的一半，所以我们不妨以逸待劳，等曹操水军进入长江之后，便可一战而歼之。这一建议，立即得到许多人的赞同。

　　居中端坐的孙权默不作声。此时的他，已经比以往成熟多了。他清楚地知道，任何战役也不会一成不变地进行重复，因此，企图将赤壁之战的战法故技重施，是不切实际的想法。不过，他暂时还不想做出结论。

　　最后，终于有一位年轻将军站起来发表不同意见，他就是吕蒙。

　　吕蒙，字子明，汝南郡富陂县（今安徽省阜南县）人氏。他的家庭出身贫寒低贱，早年的日子过得极其艰难。少年时他投靠出了嫁的姐姐。姐夫名叫邓当，在孙策手下当将领。当兵吃粮，是穷人家孩子的常见出路。吕蒙决心要当兵，自力更生。十五六岁时就偷偷跟在队伍后面，冲锋杀敌。以后逐渐迁升，当上了统兵的将军。孙权接掌江东之后，曾经在年轻将领中，物色培养对象，选中了吕蒙和蒋钦，然后指示说："你们现今掌权统兵，应当努力读书，增长学问，从而开阔眼界、增长智慧才好。"这时的吕蒙，还不明白增长学问的重要，就随随便便回答道："军务实在太忙了，没有空闲时间坐下来读书啊！"

孙权的脸色立刻变得严肃起来，说了一段至今都还能够发人深省的话语来，记录在《三国志·吕蒙传》的裴松之注中：

孤岂欲卿治经为博士邪？但当令涉猎见往事耳！卿言多务，孰若孤？孤少时历《诗》《书》《礼记》《左传》《国语》，惟不读《易》。至统事以来，省三史、诸家兵书，自以为大有所益。如卿二人，意性朗悟；学必得之，宁当不为乎！宜急读《孙子》《六韬》《左传》《国语》及三史。（曹）孟德亦自谓"老而好学"，卿何独不自勉勖邪！

意思是说，我哪里是要你们熟读儒经去当太学的博士教官啊？而是要求你们涉猎书籍了解过去的重大事件呀！你说公务多，比得上我多吗？我在少年时代就读过《诗经》《尚书》《礼记》《左传》《国语》，只是没有读深奥的《易经》。到了掌权管事之后，又专门读了《史记》《汉书》《东观汉纪》这三部史书，还有各家的兵法，深感大有收获。你们性格开朗，悟性又好，努力学习必定会得到提升，怎能推辞不做呢！赶紧去阅读《孙子兵法》《六韬》《左传》《国语》《史记》《汉书》和《东观汉记》。连曹孟德都说他自己是"老而好学"，你们怎么能不勉励自己努力上进啊！

吕蒙听了孙权的勉励，从此认真读书，提升自己，他的显著进步，连鲁肃都对他刮目相看。现今他在会议上的发言，将会做出一件后来影响整个淮南战局的项目策划来。什么项目策划呢？就是建立濡须水口的军事壁垒，当时叫作"濡须坞"。当时的濡须水，是长江北岸的一条支流，北通巢湖，南通长江，在今安徽省含山县西南，是现今裕溪河的北段。

吕蒙缓缓说道："用兵之道，贵在变化，不可重复划一。赤壁大胜，原因甚多，曹军短于水战，仅是其中的一端。而今曹贼卷土重来，对于长江水战必有充分的准备，如果任其水军从濡须水进入长江，正好就满足了对方的期望。此时对方大军刚刚启程，抵达濡须水的时间，至少尚需两个月。愚意以为，不如抢先在濡须水两岸建造坚强的壁垒，扼守进入长江的狭窄水道，然后以此为凭借，出动我方水军进入巢湖，与曹军抗衡。敌方水军进入不了长江，步兵、骑兵又难以与我水军直接交战，时间久了意志涣散，必定就会退走，这才是抵御强敌的上策！"

孙权专注地听着，心想：这才是高明之见。先前发言的诸将，勇有余而谋不足，倒是这吕蒙确实是个帅才，也不枉我对他的一番关心和培养了。

吕蒙的建议得到几位持重老将的赞成。但是，先前主张放敌入江的将军中，有人又说道："进至巢湖御敌，自然也是一策。不过何必耗费大力在濡须水两岸建造壁垒呢？我们水军作战，向来是上岸杀敌，洗脚登船，建造壁垒有什么用处啊！"

吕蒙平静地反驳说："不然。兵乃危事，战无百胜。如果出现意外，敌人以骑兵对我发起强劲冲击，则我军到达水边也会有困难，哪里还能从容洗脚登船呢？"

会议的结果，是孙权完全采纳了吕蒙提出的军事方案。他立即调集充足的人力、物力，在濡须水两岸修筑长约十里的弯月形坚固壁垒，配备精兵强将，取名为"濡须坞"。同时孙权下达命令：主力水军在半月内完成一切战斗准备，一月内全部抵达巢湖前线。此外，他又派出特使赶往益州，请刘备在西方发起军事行动，从侧面牵制曹操。一月后，孙权动身前往巢湖督兵，等候曹操大军的到来。

建安十八年（213年）正月，曹操号称四十万的水陆大军抵达巢湖，在湖的北岸安营下寨。孙权以水军三万列阵南岸，封锁了巢湖通向长江的"瓶颈"即濡须水；另以精锐步兵四万，分里外两重防线，固守濡须坞，确保不足百里的濡须水道，牢固控制在自己手中而且畅通无阻。部署既定，孙权持重不战。曹操先以水军进攻，屡被孙权击退。曹操见水战占不到便宜，便命令步兵和骑兵大举进攻濡须坞阵地。濡须守军据险抵抗，孙权又从上游调遣水军，在濡须口附近登岸袭击曹军的侧背。激战多次，曹军除了攻破濡须水西岸外围防线，俘虏守将公孙阳之外，始终未能控制至关重要的濡须水道。

这一日，孙权亲自乘坐快船，迫近曹军水寨观察敌情。曹营乱箭齐发，全部钉在船的一侧船板之上。由于重量偏向一侧，快船操纵不便，孙权便命令舵手转向掉头，以另一侧接受箭雨，待船恢复平衡之后，才从容回转自己的军营。史书上的这一段生动记载，后来被罗贯中《三国演义》作为素材，改头换面，移植到了诸葛亮的身上，成为著名的"草船借箭"故事。故事虽然生动，但是实际上的真正主角，并非孔明先生，而是胆气雄豪的孙权孙仲谋。

两军如是相持一月有余，曹操在水陆两处皆未得手。眼看军粮将尽，曹操不免有退军之意。就在这时，孙权却特地派人送来书信一封。曹操心中好生奇怪：这孙权要想对我说些什么知心话呢？他拆开信封一看，其中有信纸两张。第一张上只有八个字：

春水方生，公宜速去。

说是春天的水正要涨了，曹公你最好也赶快走了。曹操看毕，不由得莞尔一笑，再看第二张信纸，上面不多不少，也是八个字：

足下不死，孤不得安。

说是你曹公如果不死的话，我就不会得到安宁啊。曹操朗声大笑起来，他把信纸交给部下传观，对他们说道："孙权小儿说的倒都是真话啊！"

当夜，曹操就召集诸将，传令撤军。

孙权见敌军出现撤退迹象，并不出击，依然严阵以待。曹操在北岸大船上向南遥望，但见敌方的水军，战船阵形整齐，装备精良崭新；岸上的步军，壁垒坚固森严，旌旗鲜明招展。这位五十九岁的沙场老将，不禁脱口赞扬敌方的年轻统帅道："生子当如孙仲谋！荆州刘景升（指刘表）的儿子，乃豚犬耳！"

待曹军退去，孙权亦开始调遣主力回转江东。考虑到濡须坞的地位十分重要，已经成为全军的军事攻防重镇，所以特地留下重兵据守，并且委派有胆有识的老将周泰担任濡须守军长官。这周泰，字幼平，乃九江郡下蔡县（今安徽省凤台县）人氏。他早年追随孙策，屡建奇功。在一次激战中，周泰为了保卫年仅十六七岁的孙权，挥刀奋命，身受十二处创伤，断气一阵而后复苏。孙权统事后，周泰在西征黄祖、攻破曹操等大小数十战中，表现都很出色。这次抗击曹操，他是吕蒙方案的积极支持者。他又是淮南土著，熟知当地情况。孙权认为周泰是出镇濡须坞的最佳人选，所以有此任命。

可是，分配在周泰麾下的两员猛将，即朱然和徐盛，却对出身寒门的周泰不大服气。孙权得知，并不公然责备二将，而是用了一个非常巧妙的办法来消除化解矛盾。看来孙权确确实实认真读书，使自己的领导能力得到了显著的提高。

原来，孙权在临离开濡须坞之前，在此大设酒宴，庆贺抗曹成功。席间，孙权亲自离席为众将劝酒，一一致意慰劳，在座之人莫不感动欢悦。孙权走到周泰面前时，周泰连忙起立捧着酒爵，右腕上一块长长的刀伤疤痕就显露出来。孙权指着伤痕，询问是在何处负的伤。周泰回答后，孙权又问他身上其他地方还有无战伤。周泰答说，我身上还有数十处。孙权便令周泰脱下衣服，说要一一察看。两人说话时，其他将领也在注视旁听。他们听得孙权要周泰解衣看伤，都想看一看热闹。待周泰脱去上衣长裤后，诸人莫不感到震惊，原来周泰的身上，密密麻麻布满数十处大小伤痕，几乎难以找到一块稍微大一点的完好皮肤！孙权仍然一处一处指着，问周泰是在何处作战受伤，周泰亦一一回答。末了，孙权令周泰穿好衣服，恭恭敬敬地敬了他一爵美酒，然后双手握着周泰的手臂，流着热泪说道："幼平，你为我兄弟奋战至今，受伤数十处，以至于体无完肤！我又怎么能不像骨肉之亲那样厚待你，让你承担军事上的重任呢？"

说毕，孙权立即下令将自己现今使用的青缣伞盖，赏赐给周泰使用。酒宴终了，孙权又以自己的军乐仪仗队，礼送周泰回营。与会众将都深受感动，朱然和徐盛亦各愧服不已，从此认真服从周泰的指挥。由此可见孙权驾驭部下的功夫，可以说是越来越成熟和高明了。

三天之后，孙权放放心心返回建业。在建业官邸，从上游汉昌郡治所陆口赶回来的鲁肃，早已在等着他了。

鲁肃回转建业，主要是向孙权报告刘备的动向，并与他商议对策。前年刘备率众进入益州，原本是应益州牧刘璋的邀请，以帮助刘璋抵抗汉中郡（治所在今陕西省汉中市）的张鲁为由去的。刘备到了益州就积极扩充力量，准备来一个鸠占鹊巢，取刘璋而代之。孙权在濡须抗击曹操时，刘备正磨刀霍霍，要对自己的本家下手，所以对于孙权的声援要求置若罔闻。现今刘备已经动手进攻成都的刘璋，估计很可能会夺得益州。另外，留守荆州的关羽，亦经常在双方接壤处与孙权军队发生冲突。鲁肃向孙权报告了上列情况，孙权沉思许久后决定：仍然与刘备保持同盟关系，待其打下益州后再做定夺；在此期间，我方则全力攻取淮南。鲁肃对此决策完全赞同。

接下来，二人又谈及濡须的战况。孙权对吕蒙的智计颇为称赞，鲁肃也说吕蒙近年来在才略上长进极大，还向孙权讲述了一件往事。

那是上一年的秋天，鲁肃在西上汉昌郡的途中，经过寻阳县（今湖北省武穴市东北）要塞。寻阳的守将不是他人，正是吕蒙。鲁肃以往在吴县就认识吕蒙，不过觉得他只是年轻的一勇之夫，胸中并无韬略经纬。由于意存轻视，鲁肃此番经过寻阳，本不愿去吕蒙的官署见面交谈。后来，在部属的一再劝说下，鲁肃才勉强停船，上岸去见吕蒙一面。不料二人一交谈，吕蒙的学问见识完全不同于昔日，连向来以见识渊博自负的鲁肃，也觉得有点不如对方了。鲁肃惊叹不已，不禁拍着吕蒙的背称赞说："我还以为贤弟只有武勇而已，谁知今日的学识竟然如此优秀博大，完全不是当初在吴下见到的那个阿蒙了！"

吕蒙微微一笑，回答说："士别三日，即当刮目相待呀！"此处吕蒙所说的"刮目相待"，就是后世成语"刮目相看"的原始版本了。

当下二人畅谈至夜深。吕蒙认为鲁肃镇守陆口，与关羽在边境上相邻，而关羽其人骁雄自傲，不好相处，便为鲁肃拟就三条应付之策。鲁肃十分佩服，于是进入内堂，恭恭敬敬拜见吕蒙的老母亲，从此二人结为至交好友。在当时，异姓男士之间结为至交好友的仪式，并非《三国演义》中所描绘的桃园焚香结拜，而是进入内堂拜见对方的老母亲，专门说法叫作"内堂拜母"，鲁肃与吕蒙就是如此。

孙权听了鲁肃的叙述，感慨非常，赞叹道："当初我劝吕子明及时读书向学，他就能够从此笃志不移。而今学识与日俱增，常人望尘莫及。好学难得，富贵荣显而依然能够折节好学，就更加难得了！"

"我此次东下经过寻阳，曾与子明小叙，他托我带一封书信与主公。"鲁肃说罢，从身边取出书信，双手呈交给孙权。

孙权展开一看，是吕蒙写的一份详尽敌情报告。

原来，曹操为了配合自己的主力从濡须进击江东，派遣了一名得力干员，名叫朱光，出任庐江郡太守。朱光到达庐江郡的治所皖县（今安徽省潜山县）后，一面大力垦田种稻，屯聚军粮，一面又招集流民，扩充军队，成效非常显著。吕蒙驻屯的寻阳，距离东北方向的皖县只有三百里左右，所以他早已通过内应将朱光的动态了解得一清二楚。吕蒙认为：九江郡的防务中心在合肥（今安徽省合肥市），庐江郡的防务中心在皖县，后者是前者的有力支援。要想夺取敌方的合肥，应当先夺占其支援基地皖县。如果放任朱光在皖县屯田聚兵，数年之后，淮南之事就相当难办了。

孙权早已有进攻皖县之心，因为朱光近年来趁孙权主力集聚濡须之机，多次派出间谍人员偷渡长江，到对岸孙权所辖的鄱阳郡（治所在今江西省鄱阳县）一带煽动叛乱，搞得当地百姓惶惶不安。所以他看了吕蒙的报告，自然有一种深得吾心的感觉。从此，孙权对吕蒙更加器重。

建安十九年（214 年）五月，江淮一带连降暴雨，大小河流水位猛涨。孙权瞄准时机，亲自指挥待命多时的精锐水军两万，战船五百艘，直扑皖县。在惊涛骇浪之中，船队扬帆渡江，进入北岸的皖口。

这皖口是长江北岸支流皖水的入江水口，其位置在今安徽省安庆市西边。由此上溯皖水二百里左右，即可抵达皖县。不过，平时皖水的上游，水位浅，水道窄，仅能容纳小舟通航，大船必须在夏季水涨时，才能通航到皖县城下。朱光虽然做事干练，却不曾料想敌方会冒着暴风雨的天气进军，所以当他发觉孙权的船队扬帆逶迤而来时，不禁大吃一惊。他连忙率众抵御，并且派人驰往合肥去搬救兵。

孙权挥兵把皖县城池团团围定，然后准备攻城。当时强攻城池的战术，比较稳妥的有两种。一种是使用特制的登城云梯；另一种是在城墙外筑起土山，待土山高及城墙时，即由土山跨墙登城。在作战会议上，不少人提出使用这两种常用的攻城战术。吕蒙却提出异议，他说："建造云梯和垒筑土山，都费时太久，届时敌人的外援赶到，皖水的水位又下降了，我方船队难以回归，那就危险了！我观察这座城池的城墙，并不十分坚固，经过暴雨冲刷，又有多处崩颓，不如从四面一同发起进攻，采用挖掘城墙的办法，一举攻占城池，然后乘洪水之势撤军凯旋，这才是必胜之法！"

孙权当机立断，决定采用吕蒙的建议，并且破格提升吕蒙为攻城军队总指挥，再派与吕蒙关系极好的骁将甘宁，担任攻城敢死队的队长，克日破城。

第三日凌晨，连下十余日的霖雨刚刚暂时停止，攻城之战即开始了。吕蒙亲自擂起战鼓，在第一线督战。在长官的严令和重赏的刺激下，上万名勇士从四面奋勇攻城。由于雨水的长期浸润，墙土松软，所以城墙很快被挖开几处缺口。敢死健儿在骁将甘宁的带领下，从缺口蜂拥而入。守军主将朱光虽然奋力抵抗，终究未能遏止对方的攻势。接近中午，皖县即被孙权大军全部占领。

这一战，对方的庐江太守朱光被生擒，数万军民和大量粮食物资亦落入孙权之手。孙权为了奖赏吕蒙，便就地提升他为庐江郡太守，以求把庐江郡经营为自己进攻合肥的又一个桥头堡。

赶来支援朱光的合肥守将张辽，才走到半路，就得到皖县失守的消息，情知事不可为，只好怏怏回军。

两个月之后，曹操兴兵十万，再下淮南，要报皖县失利的一箭之仇。这种因被激怒而匆匆忙忙出动的军旅，在《孙子兵法》中叫作"忿速"之兵，属于为将之道中"五危"之一。结果，从七月到十月，曹操一直未能突破孙权在濡须和皖县的防线，被迫无功而返。回到汉献帝所在的许县（今河南省许昌市东）后，曹操把一口恶气出在汉献帝的伏皇后身上，以伏皇后曾在信中诋毁自己为由，将伏皇后本人以及其家属和宗族数百人，全部处死。许县郊外的荒野上，一片鲜血流红！

曹操撤离合肥之前，留下精兵七千，大将三员，镇守这一兵家必争之重地。三员大将，一员是张辽，字文远；一员是李典，字曼成；一员是乐进，字文谦。三将均有万夫不当之勇，但气质特点各有不同。张辽为将威猛，百万军中斩上将首级，直如探囊取物；李典为将多智，儒雅风流几乎如太学中的儒经教师；乐进为将持重，虽身材短小，每遇危难却胆大如斗。曹操留此三将，意在取彼之长而补彼之短。三将果然不负所望，不久就打了一个以少胜多的漂亮仗。而屡屡在淮南取胜的孙权，则第一次尝到了落荒而逃是什么样的滋味。

建安二十年（215年）三月，曹操亲自统领大军西进关中，准备到汉中郡攻击张鲁。孙权得知曹军主力西移，即积极策划夺取合肥。经过五个月的充分准备，这年八月，孙权指挥十万大军，浩浩荡荡杀向淮南。

在孙氏政权的创业史上，一次军事行动调集十万兵马开赴沙场，这还是破天荒的第一回。所以当他站在建业的石头城上，望着满江帆樯乘风西去时，那胸中的豪气真是可以"上凌牛斗之墟"了。

大军到达濡须口，守将周泰前来迎接孙权，并向他报告敌军动态。孙权得知合肥敌军仍然只有七千人马，而且目前尚无敌军前来增援，心中暗喜。他想，去年皖县之役，我方仅以精兵两万，即全歼五千守敌，今日我手握劲旅十万，还怕不能战胜合肥区区七千孤军么？孙权的部将和士卒，很快也知道合肥城中只有七千人驻守，都认为此番出战简直是牛刀割鸡，瓮中捉鳖，必胜无疑。于是，一种轻敌情绪就在全军上下蔓延开来。

与此同时，一种可怕的急性传染病——疟疾，也在军中迅速传播。这年秋天一直闷热多雨，长江两岸水泽中的疟蚊大量孳生。船队一入濡须口，已有数百兵士病倒。等到进入巢湖，病员更是急剧增多。孙权一面命令军医医治，一面继续进军。他坚信，到了合肥，哪怕减员三分之一，也还可以稳操胜算。

这一日，孙权船队到达合肥城下，大军陆续下船，安营歇息。由于人数众多，又有大批病员，所以从当天下午忙到次日凌晨，全军才算大体安定。疲乏已极的将士正想好好休息一刻，不料合肥城方向战鼓齐鸣，敌人抢先发起猛烈进攻了！

当时的合肥城池，位于施水北岸的高坡之上。前一天下午，孙权大军陆续下船，在岸边建造营寨时，张辽、李典和乐进三将，就站在南城楼上仔细观察。他们发觉对方人数虽多，但是队形散乱，行动迟缓，与往昔相遇时的严整、迅捷情况大不相同。于是，他们决定遵照曹操预先留下的指示，趁对方立脚未稳时主动出击，先打掉对方的锐气，然后固守坚城就比较容易了。当夜，张辽和李典选拔敢死健儿八百人，杀牛宰羊犒赏一番。次日一早，在晨光熹微之中，张、李二将披甲持戟，率领八百铁骑冲出南门，径直杀向孙权大营。城中守军则在城墙上擂鼓呐喊助威，一时间，鼓声和杀声打破清晨的宁静，响遍了空旷的巢湖北岸。

孙权一方仓促应战，慌乱之中也不知对方来了多少人马。张辽率队在孙权大营中左冲右突，转眼之间斩杀了孙权手下大将二人，兵士数十人，一直冲杀到孙权本人的大帐之前。

卫队连忙护卫着孙权，登上附近一座高大的墓冢。成群的卫兵们手持长戟，截住墓冢下面的张辽。张辽举戟指着冢顶的孙权，大喝道："紫髯儿，还不下来领死！"

幸好赶来解救孙权的骑兵来到，将张辽麾下数十人团团围住。张辽毫无惧色，挺戟杀出重围，收合敢死健儿扬长而去。这时，已是日丽中天的正午了。

孙权万万没有想到，区区数百人竟然敢闯自己的大营，如入无人之境，差点要了自家的性命，大为恼怒。他不顾吕蒙等人的劝阻，下令立即围攻合肥城池。可是，这合肥与皖县迥然不同，自刘馥以来的十余年间，经过多次营建，城池高峻，坚固异常。加之对方刚刚打了一个胜仗，士气高昂。而孙权一方的军队，疲惫多病，士气不振，又还没有做好攻城的充分准备，所以仓促进攻之下，迟迟未能得手。这样一来，十万大军顿于坚城之下，一顿就顿了半个月，合肥城池却仍然屹立不动。

吕蒙见事不可为，便劝孙权及时退军。孙权这时也冷静下来。他深知取胜之军，必须要有一股锐气，气可鼓而不可泄；而今自己军队人数虽多，士气一再受挫，已经由衰而竭，确实应当撤退，以图后举。于是秘密传令，还军江东。

为了避免撤退时争先恐后，自造混乱，孙权决定自己与重要将领在后坐镇，最后撤出。第一天主要是运送军用物资和粮食上船，一切顺利。第二天撤出战斗人员，开始也很顺利。中午过后，孙权和最后一批将士约五千人，准备从施水北岸上船离去时，突然平地风波骤起！

原来，一直伫立在城头静观动静的张辽，早就等着这一刻了。他见时机已到，立时率领麾下两千人马出城，如同暴风一般迅猛，直接冲向敌军！

正在接应孙权等人上船的水军将领贺齐，听见城中战鼓响起，情知有异。为防万一，他立即与身边一员副将附耳低言数句。那副将得令，连忙跳上侧畔一条战船，指挥船上数十名战士飞快驶去。

孙权船队停靠之处，是一个名叫逍遥津的渡口（在今安徽省合肥市内逍遥津公园）。逍遥津上有一座简易木桥，连接施水南北。那副将的目标就在这座木桥之上，一待战船靠近桥旁的河岸，他便率领战士奔向木桥。他们来到桥面的中间，一阵刀斧响处，便把桥面的木板砍开一个长约一丈有余的断口，接着又把断口以南的木板全部撬松。做完这一切，他们就在桥南等着来人。

这边张辽赶到岸边，直奔孙权而去。吕蒙、甘宁、凌统、陈武等战将，一起转身前来抵挡，陈武当场就被张辽刺死，凌统也身负重伤。船上的贺齐见孙权已来不及登舟，急忙高呼："主公上桥！"孙权一听，抬头见桥南有人接应，便策马飞驰奔上木桥。临近桥中间的大断口时，孙权的随身侍从叫作谷利，大声提醒孙权抓紧马鞍，然后在孙权的坐骑身上紧抽几鞭，那匹骏马陡然脚下生风，从大断口上空一跃而过。在此等候的那员副将，急率战士把桥南已经撬得松动的木板全部拆除，然后扶着惊魂未定的孙权，从南岸去登上战船。

就在此时，张辽也拍马赶到桥上。他见桥面的木板，从中间到南端已经全部被砍断拆除，无法策马跃过，只得收住马缰，向孙权高声喊道："紫髯儿，我张文远迎客送客有礼否？"

孙权也不答话，手拂颔下紫色短须，微微一笑，乘船离岸而去。孙权赶上大队，改乘专用大船。这时，诸将赶紧置酒为他压惊。孙权流下眼泪自我痛责一番，又将自己的一根手指头咬破出血，然后将血滴入酒中，举起酒爵发誓说道："实在太惭愧了！我将把这次失败的教训，终身铭记在心头！"

孙权退军一年后，曹操又率大军来到淮南。孙权改派吕蒙为濡须守军的主将，替代年老力衰的周泰。吕蒙在濡须坞上又加装了强弓劲弩一万张，把这里打造成了杀伤力巨大的坚固堡垒，然后固守待敌。从建安二十二年（217年）的正月到三月，曹军不断进攻，始终不能越过雷池一步。及至第二年的春水又生之时，无奈的曹操只得再度退军。

自从建安十三年（208年）十二月孙权初次进攻合肥起，孙曹两家至今已在淮南鏖兵十年之久。其间，孙权发起大规模进攻三次，曹操发起大规模进攻也有三次，真是年年有大战，岁岁起烽烟！然而鏖战的结果，孙权始终不能攻克合肥城池，曹操也始终不能越过濡须通道，哪怕双方都出动了数以十万计的兵力！至此，孙权才算充分认识到，淮南的合肥至濡须一线，确确实实是易守而难攻之地。

恰好在这时，孙权与刘备之间的利害冲突又再度尖锐起来。于是，孙权及时从淮南抽身，转而向西方谋求新的发展空间去也。这正是：

十载鏖兵无战果，东方不亮转西方。

要想知道孙权转向西方之后，又能不能够在刘备的身上捞到便宜，请看下文分解。

第七章

袭取荆州

事实上，在淮南鏖兵的十年之中，孙权心里无时无刻不在想着荆州。

荆州的现实状况，使他不能不想。当初他出借南郡，甚至嫁出同胞小妹，图的是什么？还不是希望交结一个能够共患难、救危急的可靠盟友么！然而淮南鏖兵十年，这位盟友没有出动过一兵一卒呼应帮忙，而是忙着自己扩张地盘，哪怕你派出特使求救也置之不理。更为严重的是，留守荆州的关羽，常常在双方交界处挑起纠纷，气势咄咄逼人。这样看来，真是求友不成，反生威胁了。

孙权也不是等闲之辈，所以在淮南酣战的期间，他竟然也能抽出拳脚在西方蹾打几下。当然，由于淮南战局的牵制，所以他在西方的军事行动，大体遵循了有理、有利、有节的原则。

建安十九年（214 年）夏天，刘备攻破成都，取得益州这一大块地盘和百万之众。五十四岁的刘备，起兵创业三十年来，还是第一次得到如此丰厚的战利品，大为欢悦，于是置酒高会，庆贺胜利。可是，刘备高兴没有多久，讨债的人就上门来了。

原来，孙权听说刘备终于得到了益州，内心虽然很不愉快，但是也不得不承认这一现实。他独坐在建业官邸的亭台之中，望着满园盛开的鲜花，心里冷静地思考着对策。

当初你刘备要借我的南郡，理由是什么？是说你公安的地方狭小，容不下自己的部属；又说那里过于荒僻，我家小妹住不惯。而今我家小妹已经和你分了手，第二条理由早就不复存在。你又独吞了益州这天府之国的千里沃野，这容不下部属的困难也就完全解决了。再说，从益州还可以直接进攻曹操，再没有人会在中间阻隔你了。因此，你借用了五年之久的南郡，也该归还原主才是道理。不过，这南郡西连益州，北通襄阳，刘备是绝对不肯顺顺利利还我的。也罢，就把南郡让给他，免得两家大动干戈，自相残杀，让曹操老贼从中坐得渔人之利。当然，南郡不能让刘备白得，他得拿地方来换。这么重要的南郡，用一个郡换不行，两个郡还差不多。对了，我先向他开口要三个郡，他如果说多了，少给一个郡，那我就同意，不是正好吗？那么派谁去谈判呢？最佳人选就要数诸葛瑾了。他对我忠心耿耿，又是刘备军师诸葛亮的胞兄，到了那里好说话，最适合完成这一使命。

当下孙权在花香浮动之中打定主意，征得鲁肃、吕蒙等一班重臣的同意后，便派诸葛瑾西上益州。

诸葛瑾，字子瑜，乃琅邪郡阳都县（今山东省沂南县南）人氏。其父诸葛珪，东汉末年曾任泰山郡太守，不幸盛年去世，留下瑾、亮、均三子。叔父诸葛玄可怜侄儿们早年丧父，便把年龄尚小的诸葛亮和诸葛均带在自己身边抚养。其后诸葛玄到荆州的襄阳投奔刘表，诸葛亮兄弟也来到荆州。诸葛玄死后，诸葛亮把家安在襄阳城西二十里的隆中（在今湖北省襄阳市西），亲自躬耕陇亩，隐居待时。后来刘备三顾草庐，这条卧龙才飞腾而起。留在老家的大哥诸葛瑾，为逃避中原战乱，南奔江东。孙权统事，广揽英豪。诸葛瑾以胸襟气度为孙权所看重，被礼聘为重要幕僚。从此兄弟二人，各在一方效力，虽然常有书信往还，却很少有机会见面相会了。

建安二十年（215年），诸葛瑾受命来到益州。刘备见孙权派来了一位级别颇高的使节，就知道绝对不是来给自己道贺取得益州的，而是讨还南郡来了。他一面吩咐有关人员好好接待来使，一面召群臣商议对策。在会议上，群臣不但激烈反对归还南郡，而且主张拒绝孙权提出的任何要求，必要时可以诉诸武力。一贯重视联孙抗曹的诸葛亮，虽然认为这未免过分，但因来使是自己的胞兄，所以也只好勉强附和众议。散会之后，诸葛亮决定，自己不能到宾馆与胞兄私下见面，这样好给胞兄一个暗示，暗示他难以完成使命，同时也回避了不必要的嫌疑。

诸葛瑾在宾馆等候刘备接见，其间一直不见胞弟一家前来探望，便预感到此行可能空手而回。既然如此，自己也应注意回避嫌疑，以免回去不好交代。这样一来，诸葛瑾在成都停留期间，阔别多年的同胞兄弟，也只好像史书中所说的那样："公会相见，退无私面。"意思是仅仅在公开场合相见，退下来在私下就互不见面。此情此景，是不是令人感慨万分啊！

诸葛瑾到成都几天后，刘备正式接见来使。诸葛瑾恭恭敬敬交上孙权的书信，信上要求刘备归还南郡；如南郡不便归还，则交出荆南的长沙、零陵、桂阳三郡（治所分别在今湖南省长沙市、永州市、郴州市），作为交换亦可。诸葛瑾待刘备看完信后，正要想和对方进行一番讨价还价，不料刘备面带微笑但语气非常坚决地说道："南郡目前确实是不便归还，须得再借用一时。至于荆南的长沙、零陵、桂阳三郡，都是供给我兵员和军需物资之基地，也是不能用来作交易的啊。"

本来还满怀希望的诸葛瑾，犹如当头挨了一棒。他没有想到刘备那张笑口竟然会说出这样的答复。你赖着不还南郡，且又不愿做任何的补偿，这种举动只有市井无赖才做得出来，你堂堂的荆、益两州的州牧这样做，也未免太失身份了吧。当下诸葛瑾带着几分气恼问道："那么左将军究竟准备何时归还我南郡呢？请给一个确切的回答！"

刘备面不改色，依旧笑容可掬地缓缓说道："子瑜先生，目前我正做好准备，要攻取凉州（主要地域在今甘肃省、宁夏自治区）。一俟打下凉州，即把荆州之地全部奉送给孙将军，如何？"

诸葛瑾一听，心想：你刘备大概是把我当作黄毛孺子来哄骗了罢；那陇西的凉州，与益州中间还隔着曹操现今占据的汉中，等你打下凉州，不知要到什么时候去了。假如你一辈子得不到凉州，那就一辈子都不还我南郡么！他正要开口争辩，不料刘备却抢先说道："请子瑜先生就这样回复孙将军吧！"

刘备一面说，一面站起来，依然带着满面微笑，离席走进内室去了。

这边诸葛瑾呆立一阵，怏怏回转宾馆。此后，他多次求见刘备，刘备都托病不出。锦江秀色，玉垒浮云，诸葛瑾全都无心领略。而胞弟诸葛亮一家，包括自己过继给胞弟的亲生儿子诸葛乔，依然不来馆舍看望自己。他知道事情已经毫无希望，只好起程乘舟回江东。临行之际，胞弟全家都到城南的锦江之滨，后来称作万里桥的桥头送别，诸葛瑾才算与诸亲人见了面。此刻的杨柳岸边，诸葛氏的男女老少，真是如后世所写的"执手相看泪眼，竟无语凝噎"了。只可惜，"留恋处，兰舟催发"，一江春水，很快就把诸葛瑾的座舟送到了天际。

在建业等候回音的孙权，听了诸葛瑾的汇报，恶狠狠地骂道："说什么打下凉州就奉送我荆州，这全是骗人的鬼话！"于是，他立即任命了长沙、零陵、桂阳三郡的行政长官，并且要他们径直走马上任。与此同时，他又密令大将吕蒙和吕岱二人，做好战斗准备，伺机出动，攻取荆南三郡。

受命以"董督荆州事"官衔镇守荆州的关羽，听说孙权派了行政官员来接管长沙等三郡，十分鄙夷地一笑，随即出动军队把这批不速之客强行驱逐出境。可怜这些官员们，乘兴而来，败兴而去，连自己的辖地是什么样子都没有看到，就糊里糊涂卸了任。西汉时的张敞，就是替爱妻描画蛾眉的那位贤惠丈夫，因其担任京兆尹的时间很短，故而留下一个"五日京兆"的典故。看来孙权所委任官员的任期，连"五日京兆"也不如了。

不久，孙权派出的三郡行政官员，全部被关羽用武力驱逐出境，陆续回到建业。孙权大怒，下定决心要对刘备还以颜色，于是急令吕蒙按计划行动。在此之前，孙吴负责此次军事行动的指挥官吕蒙，即已在邻近荆南三郡的边境一带，秘密集结了三万精兵。吕蒙得令，马上率领精兵三万，奔赴荆南。那时，孙曹两方在淮南逐鹿已久，孙权辖境之内经常出现大规模的军队调动，所以吕蒙兴兵突袭荆南的行动开始之后，镇守荆州的关羽起初毫未察觉。

这是建安二十年（215年）夏天，吕蒙的兵马由汉昌郡进入长沙，直扑长沙郡的首府临湘（今湖南省长沙市）。当时镇守长沙者，乃是武陵郡临沅县（今湖南省常德市）人氏廖立。廖立是荆州的青年名士，受命为长沙太守时还不满三十岁。不料这位被刘备和诸葛亮十分器重的后进英髦，竟然是一个"银样镴枪头"。吕蒙的兵马距离临湘还有数十里，廖立就望风而逃，而且一逃就逃到了西面的益州。

吕蒙兵不血刃，得了长沙。他毫不停留，挥兵沿湘江溯流而上，进攻零陵和桂阳。这两郡地方偏僻，兵力单薄，自知螳臂难以挡车，也就来一个开门迎客，相继举手投降。不到一个月光景，荆南三郡就不姓刘而姓孙了。

刘备得知荆南三郡被孙权一刀割去，真有切肤之痛。他急急忙忙从益州赶到公安，同时命令关羽率江陵精锐东下长沙，一心想夺回失地。

孙权早有防备，他一面命令鲁肃率领一万精兵，到长沙郡西北重镇益阳（今湖南省益阳市东）抵御关羽，一面又急召吕蒙回军援助鲁肃。他自己则西上陆口（今湖北省赤壁市西北），亲自督阵。顿时，湖湘一带战云密布，形势紧张。

就在双方剑拔弩张，准备大打出手之际，竟有一人不费一言一语，就把他们的怒火浇灭，以至于双方订约讲和了。此人是谁？就是刘备和孙权的老对手曹操。

原来，此时的曹操，不仅早已平定了关中，而且新近又取得了凉州。西北既定，他就真的是得陇望蜀，准备越过秦岭攻取汉中了。建安二十年（215年）四月，曹操亲提大军，取道长安、陈仓（今陕西省西安市、宝鸡市），杀向汉中。早有探子把情报送往成都，留守益州的诸葛亮顿时忧心忡忡。他知道，汉中的割据者张鲁，地狭人少，绝对不能与曹操抗衡。汉中乃益州北部屏障，一旦被曹操占领，强敌就来到了家门口。现今益州的主力军队，又远调荆州，后方空虚，何以御敌？于是，他马上派遣急使星夜东下，把情况报告刘备。

此时的刘备，住在公安城中昔时的旧官邸，白天忙着筹划军务，晚上也偷闲回忆一番当初在此与孙夫人初结伉俪时的温柔乡情景。但是，益州来使送呈的报告，打断了他温馨的遐思，他立刻意识到：自己现今落入两面受敌的险境了！

情况是很清楚的，判断也是不难做出的。首先，应当立即摆脱腹背受攻的局势，专力对付一面。其次，曹操与自己势不两立，同他毫无和谈的可能。第三，荆南三郡的得失事小，益州一州的安危事大。因此，出路只有一条，即同自己过去的内兄妥协求和，把目前的难关渡过去再说。

此时，孙权为了督促前线作战，已经来到汉昌郡的治所陆口。刘备的求和使者来到陆口时，孙权心里十分快意，心想：你刘备原来是敬酒不吃吃罚酒的。不过，他依然能够保持冷静，没有为难刘备。当下两家暂息干戈，对坐议和。

经过激烈的讨价还价，双方终于议定出和平解决荆州问题的方案。方案规定：以南北流向的湘水为边界，中分荆州；湘水以东的江夏、长沙（含汉昌）、桂阳三郡（治所分别在今湖北省武汉市、湖南省长沙市、湖南省郴州市），归孙权所有；湘水以西的南郡、零陵、武陵三郡（治所分别在今湖北省荆州市荆州区、永州市、常德市），则归刘备管辖。这个方案很妙，不仅因为它的分配结果看起来很平均，都是三对三，而且在于双方都觉得从中捞取了实际利益。孙权是以一个南郡换得了长沙、桂阳两个郡，似乎白赚一郡。刘备则从谈判桌上要回了被对方夺去的零陵，也似乎白赚了一郡。双方都满意的战争和约，在历史上还真是不多啊。

和议既定，刘备仍留关羽在江陵，镇守自己的荆西三郡，自己日夜兼程赶回益州，去和曹操争夺益州北部的汉中郡（治所在今陕西省汉中市）。孙权也仍然以鲁肃在陆口，镇守自己西部边境的荆东三郡，自己与吕蒙同回建业。不久，孙权即率十万大军围攻合肥去了。

以上就是孙权在淮南酣战期间，偷空在西方施展拳脚的大略经过。

淮南鏖兵十载，始终未能越过合肥一线而进入中原，孙权即有改弦更张之意。这时，供他选择的新发展方向只有两处，一处在东边，是淮南以东，东海以西的狭窄地带徐州（主要地域在今山东、江苏省），另一处在西边，就是关羽镇守的湘西三郡。究竟选择哪一处，他颇费踌躇。从现实利益上说，攻取湘西三郡的把握性较大，而且军事上的得利更为丰厚。但是会不会因此而丧失一个抗曹的盟友呢？此外，也还有道义上的问题，自己毕竟刚刚和刘备订立了和约，是同盟关系。虽说这种关系也是相互利用而已，但是签约之后马上就刀兵相向，似乎也不大说得过去。

就在孙权举棋不定之际，发生了一件对孙权决策颇有影响的大事——全军主帅鲁肃突然病逝了。

鲁肃死时不过四十六岁，他又是最早向孙权建议创立帝王之业的人，所以孙权很是悲痛。丧事完后不久，孙权即任命鲁肃生前极为看重的吕蒙，继任全军主将，掌握军权。

吕蒙受任之日，孙权在建业官邸举行了盛大的授印典礼，以示器重。两人就今后扩张的战略方向问题，进行了长时间的密谈。

如何对待刘备势力，吕蒙和周瑜可以说是一派。他们都对刘备极不信任，主张一有机会就应当吞刘自大。与"吞刘派"的观点相反，鲁肃主张与刘备搞好关系，共抗曹操，他算是"亲刘派"。孙权军队的主将，对于江东的大政方针自然有很大的影响力。所以周郎在位，刘备差一点被扣留在姑苏城中；鲁肃任职，刘备就能顺顺当当借得南郡。现今吕蒙掌了军权，天平必然要朝对刘备不利的方向倾斜。

此刻，吕蒙对孙权说道："过去我们总认为，曹操势力强大，必须借重荆州的关羽才能抗御曹操。其实，荆州如果在我们之手，一样可以与北方抗衡。此时，只要以征虏将军（指孙权的堂弟孙皎）镇守南郡，以潘璋扼守白帝城（在今重庆市奉节县东白帝山）不使刘备东下，再以蒋钦率领精兵万人，上下巡视长江，随时打击敢于来犯之敌，最后由末将进据襄阳，如此布置之后，还怕什么曹操？还靠什么关羽？再说刘备等人，反复无常，根本不能把他们当作真心朋友。不要看现今关羽没有来攻击江东，他是有所畏惧，因为我们这些人还在。如果不趁我们健在时解决这一严重的隐患，以后就会有大麻烦了！"

孙权听了，觉得吕蒙真是把利害的得失说得透辟之至。加上在出借南郡、攻打益州以及嫁妹和亲等事情上，他都一再吃过刘备的大亏，更使孙权认为"亲刘"抗曹的主张过时，"吞刘"自雄的策略有理了。不过，他还想听听吕蒙对攻取长江对岸徐州的意见如何。

吕蒙从军事的角度抒发己见说："攻取徐州并不难。不过，徐州地势平坦，利于曹操的骑兵作战，所以今天我们得到徐州，明天曹操就会来争夺。我们的骑兵不多，届时用七八万步兵坚守，也不一定有把握稳操胜算。不如发挥我们水军的优势，西取关羽，全据长江，如此我们的形势就更开阔拓张了！"

孙权颔首微笑片刻，表示完全赞同吕蒙的分析。突然，他收敛笑容，神情严肃地说道："子明，西取荆州，我意已决。然而关羽骁雄，且据我上游，故实施此事，一须严守机密，二须等待时机。具体的军事行动计划，由你全权负责筹思制定，非到必要时，其他任何人不得参与。子明，你的智计无穷，大显身手，正在今日！"

吕蒙得令，不数日即起程西上陆口，继鲁肃之任镇守西部边境。他到职后，立即频频派遣使者西赴上游的江陵，向关羽致书问候，并且赠送厚礼，一来麻痹对方，二来乘机探明关羽沿江布防的情况。关羽从不把吕蒙这等后起之辈放在眼中，所以他不仅没有察觉到吕蒙的用意，反而觉得这是对方敬畏自己的正常表现。

吕蒙走后，孙权随之在后方，开始为袭取荆州全力预做准备。

第一步，当然必须稳住曹操，以免腹背受敌。怎样才能稳住曹操这个老奸巨猾的对手呢？送礼，曹操未必看得起；和亲，难免要假戏真做。再说当初在与刘备的和亲上，已经赔了一个亲妹妹，再没有多的妹妹可嫁了。想来想去，孙权一时未得良策。一日，孙权展卷阅读《太史公书》，以释烦闷。不料读到《越王句践世家》一篇，忽有所悟。心想那越王句践被吴王夫差击败，受困于会稽（今浙江省绍兴市）时，能够忍受夫差"以己为臣，以妻为妾"的奇耻大辱，遂能转弱为强，消灭吴国。而今我对曹操老贼，何不套用套用大同乡句践的故技呢？

主意打定之后，立即施行。于是，建安二十二年（217年）的春天，孙权的特使徐详，就出现在邺县（今河北省临漳县西南）魏王曹操的王宫门前。

这徐详不仅向曹操献上许多南方的珍奇宝物，而且呈上孙权一封措辞极其谦恭的奏章。在奏章中，孙权首先向前一年才晋升为王爵的曹操，表示祝贺与敬意，然后痛责自己不该与曹操进行武力对抗，最后表示，从此归顺称臣，唯曹操之命是从。老奸巨猾的曹操，虽然不相信孙权真的就从此唯自己之命是从，但是，能够得到这封降表，对于自己代汉立魏的政治活动，终归有相当的宣传价值，所以仍然满心高兴。他很快也派出使者到江东表示友好，又向孙权提出和亲之议。

于是，一对厮杀了十年之久的生冤家、死对头，忽然间又眉目传情、打得火热了。

第二步，则是要麻痹关羽。尽管吕蒙到陆口之后，已经遵照孙权的指示，对关羽大放麻醉剂，孙权还是觉得自己也该放一点，不然麻痹不住这只大猛虎。要麻痹关羽，孙权绞尽脑汁，觉得只有联姻一法。为了避免假戏真做，联姻的对象，应当选择现时年纪尚幼，还不能马上成婚，须得等上好几年的时间才到成婚年龄者，这样一来，假戏还等不到真做，关羽已经被我吞灭，此事自然就一笔勾销了。当时，孙权的长子孙登，才是十岁的天真孩童，还不到成婚的年龄，正是这场假戏最合适的扮演者。孙权将如意算盘打好之后，就慎而重之派出特使到江陵，求聘关羽的小女为孙登之妻。使者兴冲冲地来到江陵，献上礼品聘金，说明来意，结果竟然是热脸贴上冷屁股，当场被关羽骂得狗血淋头，狼狈不堪。关羽看着匆匆离去的来使，心里充满对孙权君臣的轻蔑和鄙视，唯独缺乏警觉和提防。孙权得知关羽拒婚，外表故作愤怒，内心却十分满意，因为他不仅达到了麻痹对方的目的，而且还由此看出对方内心之中的强烈敌意，袭取荆州的决心更加坚定了。

建安二十四年（219 年）秋，伺机已久的孙权终于等到了一个袭取荆州的绝好机会。当年三月间，刘备从曹操手中抢走一块不小的地盘，这就是益州北面的汉中、上庸、房陵这三个郡（治所分别在今陕西省汉中市、湖北省竹山县、湖北省房县）。至此，刘备的势力扩展到了秦岭的南麓，基本上实现了诸葛亮所提出的"跨有荆、益"的目标。而汉中一带，本是当初汉高祖刘邦夺取天下之前养精蓄锐的根据地。为了表示自己是正统所归，也为了沾沾老祖宗的灵气，这年七月，刘备在汉中的沔阳（今陕西省勉县）设坛誓众，自立为汉中王。同一月，关羽留下一部分军队，镇守自己后方的两处军事重镇，即江陵、公安，自己则统领精锐主力，北上进攻樊城和襄阳，与守城曹军激战一百多天而未能得手。关羽顿军襄、樊的坚城之下，后方的江陵、公安自然空虚，孙权和吕蒙抓住时机，立即开始行动。恰在这时，曹操为了解救襄、樊之危急，又派出专使敦劝孙权全力攻击关羽的后方，并且以割让长江以南与孙权，作为对孙权的奖赏。后顾之忧既然完全去除，孙权便加快了行动的步伐。

不久，素常多病的吕蒙，对外声称自己病情加重。孙权又公开发出文告，调动吕蒙回转建业治病养疴。吕蒙走后，派来陆口接任的，是一位年仅三十多岁而且当时还不太有名的人物，他就是向孙权进献围取山越计策的陆逊。陆逊一到陆口，就派人给关羽送上一封书信。信中首先把关羽攻打樊城、襄阳的战功，大大吹捧了一番，信中说：

前承观衅而动，以律行师，小举大克，一何巍巍！于禁等见获，遐迩欣叹，以为将军之勋，足以长世。虽昔晋文城濮之师，淮阴拔赵之略，蔑以尚兹！

大意是说，此前将军您观察曹操的破绽而采取行动，以军事纪律指挥部队，小动刀兵就取得了巨大的胜利，功劳是何等巍然不凡啊！魏将于禁等被您擒获，远近的人都喜悦赞叹，认为将军您的功勋，足以长留世间。即使是从前晋文公的城濮大捷，韩信击败赵国大军的谋略，都不能超过您了！

接下来，陆逊又以极为关心爱护的口吻，劝关羽"战胜之后"，切勿"轻敌"，以竟全功。最后，陆逊谦卑地说自己"书生疏迟，忝所不堪"，也就是我这个一介无能的书生，无奈承担了难以承担的重任。殷切希望关羽前辈，今后能够多多关照。心高气傲的关将军，见吕蒙走后来了一个如此不济事的后生，轻蔑之余，大感放心。于是，急令留守江陵、公安等地的兵马，全部开赴到襄、樊前线，迅速攻克二城之后，再急速回防荆州。殊不知关羽此举，正中了孙权等人的调虎离山之计。

　　原来吕蒙侦察到，关羽北上襄阳、樊城后，在江陵至公安的沿江一线，依然留有不少的兵力把守。设若实行强攻，消灭沿江守敌是不难办到的，但需要一定的时间。在此期间，关羽完全可以撤军回防，那事情就难办了。为了使关羽反而会调兵离开荆州，吕蒙和孙权精心构思了一场装病的把戏。吕蒙回建业"治病"的途中，经过芜湖（今安徽省芜湖市）。芜湖守将陆逊前来看望吕蒙，指出此时关羽"意骄志逸，但务北进"，正是进取荆州的大好时机，要吕蒙向孙权进计。为了保密，当时吕蒙并未向陆逊吐露内情。回到建业后，吕蒙即向孙权推荐陆逊，认为此人"意思深长，才堪负重"，"而未有远名，非羽所忌"，是代替自己职务和参与袭取荆州行动的最佳人选。孙权从善如流，立即下令陆逊接替吕蒙。陆逊到任后继续向关羽施放强力麻醉剂，终于使"绝伦逸群"的虎将关羽落入圈套之中。

　　关羽刚一调军北上，陆逊立即将军事情报送往建业。孙权见时机成熟，火速调兵遣将，准备发兵。恰好这时，关羽在樊城取得大捷，收降曹兵数万，粮食供应出现问题，竟然派人越过边境，抢夺了孙权一方贮存在湘水边关仓库的大量稻米。孙权大怒，心想你既不仁我亦不义，遂正式下令：以吕蒙为前线总指挥，率领精兵三万，袭取荆州！

吕蒙受命，即将大军分为若干批，分散出发，以免引人注意。船到寻阳（今湖北省武穴市东北），即将进入关羽荆州的州界时，吕蒙命令将士下到船舱内隐蔽起来，上面盖上篷布；舱面上只留下摇橹掌舵的水手，而水手均穿上当时商人常穿的白衣。这样一来，就把战船伪装成为在长江上往来做生意的商船。伪装完毕，吕蒙下令船队昼夜不停，全速前进。

不数日，船过洞庭，来到南郡地界。这时，关羽属下戍守沿江要塞的军队人数很少。吕蒙每到一处军事据点，都不费吹灰之力就把守军全数俘虏监禁。由于无人报信，所以直到吕蒙大军抵达公安城下，守将士仁才大梦初醒。

这士仁姓士，名仁，字君义，乃广阳郡（治所在今北京市）人氏，陈寿《三国志·杨戏传》中记载得清清楚楚。他是关羽的部属，关羽北伐襄阳，士仁因供应前线军事的物资不力，受到关羽的痛责，内心一直不满和不安。他一见吕蒙大军将公安小城团团围住，心中先已失却斗志。这时，吕蒙又遣人来劝说利诱，士仁即献城出降。

需要指出的是，此人的姓名，原本是"士仁"。但是，司马光《资治通鉴》在流传过程中，在前面误加了一个"傅"

字；《三国演义》又以讹传讹，也变成"傅士仁"，以便谐音"弗是人"，对其进行丑化和贬低。现今一些影视剧，不加分辨，也盲目跟风，就有点悲哀了。

吕蒙兵不血刃得了公安，分兵驻守后，直扑上游五十里处的江陵。江陵的守将，是刘备委任的南郡太守，叫作糜芳，字子方，乃东海郡（治所在今山东省郯城县西北）人氏，且是刘备的妻兄。糜芳也曾经因为失职，受到关羽的申斥，内心一直忿忿不平。他见士仁已弃城投降，也无心死战，不管对不对得起妹夫，遂拱手交出江陵城。至此，南郡便落入孙权的手中。

同样需要指出的是，糜芳的"糜"，是糜鹿的糜，这在陈寿《三国志》中有多处的证据。后世的演义小说和影视作品中，往往写成糜烂的"糜"，以示鄙视，这并非历史的真实。

虽然"不战而屈人之兵"，初战非常顺利，吕蒙却丝毫不敢大意。他夺得城池之后，马上又开始争取人心，以免造成局面的反复。他首先把关羽及其部将的家属妥善保护起来，并且好言安慰，打消他们的恐惧和不安。其次，又下达了严格的命令，禁止部下将士骚扰勒索当地百姓。吕蒙麾下一名卫士，与吕蒙乃是同乡。他拿走一户人家的斗笠，用来遮蔽公家的铠甲。吕蒙发现后，仍然认为这违犯了禁令，流着眼泪下令将同乡斩首示众。这样一来，全军震动，从此秋毫无犯，路不拾遗。第三，派出亲信官员到民间，救济弱者老人，有病者给医药，饥寒者赐衣粮。第四，所有官方贮存贵重财物的府库，全部封存，等待孙权到达后处理，不准部下乘机抢占。以上各条严格实施之后，南郡界内社会之安定，秩序之良好，较之以往有过之而无不及，老百姓都以为迎来了仁义之师。

在襄、樊一线鏖战的关羽，听说荆州后院火起，由震惊而愤恨，由愤恨而懊悔，由懊悔而颓丧，心中就像打翻了五味瓶一般。他本想立即率军南下夺还失地，可是麾下将士此刻最为关心者，根本不是荆州究竟姓"刘"还是姓"孙"，而是各自留在后方的家属安全如何。关羽见人心动荡，只好放弃强硬手段，改派使者到江陵与吕蒙进行谈判。吕蒙对关羽所派的几批使者，都热情款待，厚加赏赐，然后带他们一一探望关羽将士的家属。这些使者回去后，把家属安全无恙的消息迅速传达与同僚，关羽的将士怕战端一开，反而伤及妻小，加之对吕蒙军队又有几分好感，更不愿意向南郡发动攻击。关羽无奈，只好暂时转移到江陵西北一百里左右的麦城（在今湖北省当阳市东南）安身。

这时，孙权亲自率领的后援大军来到江陵。刘备所委任的荆州州政府各级行政官员，至此全部正式投降孙权。孙权立即选用其中的贤能人才为部属，利用他们的才干和声望，使荆州的军政局面迅速走上正轨。接着，他又命令陆逊乘势沿江西上，攻占了江陵以西，直到三峡中段秭归县（今湖北省秭归县）这一大片长江沿岸的地区。这样一来，关羽由三峡回还益州的退路，就被完完全全堵死了。

这年的十一月底，地冻天寒，朔风呼啸。关羽困守于孤城之中，士卒倦怠，粮草匮乏。孙权趁机遣使入城，劝说关羽投降。那关将军不愧是一条好汉，宁死不屈，率部突围而出，沿着漳水向西北的荆山深处奔去。荆山虽然山高林密，人迹罕至，但是，只要越过山去，就可进入刘备管辖下的房陵郡（今湖北省房县）。孙权见关羽逃走，立即派悍将潘璋，率领铁骑三百追赶。十二月初，关羽一行十余骑，来到一处名叫漳乡（在今湖北省荆门市西）的山村，人马皆疲饿交加，失去战斗能力，遂被潘璋擒获杀死。说来也巧，这漳乡距离当年刘备几乎丧命的长坂坡，直线距离竟然还不到四十里！

关羽的首级，由孙权遣使送至洛阳，以向曹操所控制的东汉朝廷献功。曹操以诸侯之礼，将关羽的头颅葬于洛阳南郊。其墓地至今犹有古柏千株护绕，故而当地百姓呼之为"关林"，是一处著名的三国名胜。而作为对孙权的奖赏，曹操则以东汉朝廷的名义，提升孙权的官位为骠骑将军，兼任荆州牧，封为南昌县侯。其中"荆州牧"这一职务的授予，意义非同寻常，它表明孙权对荆州的占领和控制，已经得到了东汉朝廷，也就是曹操本人的正式承认和允准了。

孙权袭杀关羽，夺得荆州，是孙吴发展史上的一件大事。至此，长江中下游以南的全部地区，以及北岸的沿江地带，也就是当时全国十三州中的扬、荆、交三州之地，几乎全部纳入孙权的统治领域。鲁肃昔日提出的"竟长江所极，据而有之"战略设计，基本上变成客观的现实。

处心积虑谋划了三年之久的秘密行动，一朝获得完全的成功，孙权内心的喜悦，简直非笔墨所能形容！可惜的是，他还来不及好好高兴一番，大功臣吕蒙突然病危的不幸消息，使他的心中又满布愁云。

原来，过度的思虑和劳累，使吕蒙本已多病的身体受到严重的损害。不过，强烈的责任感和荣誉感，支撑着他完成肩负的使命。使命一旦完成之后，精神一放松，人就彻底病倒了。孙权忧心如焚，急忙把吕蒙安置在自己居住的官邸内殿，又悬出重赏求医治病，有能治好吕蒙疾病者赏赐千金。他时时去探望病情，但是又怕惊动吕蒙，便在墙壁上穿孔观察。看到吕蒙稍微能吃一点东西。孙权就止不住高兴，便和左右的侍从说说笑笑；看到吕蒙病情加重，孙权就长吁短叹，夜不能寐。但是，孙权的百倍关怀，并未能挽救吕蒙的生命。这一年的年底，吕蒙即与世长辞，终年四十二岁。

自建安五年（200年）孙权统事起，到建安二十四年（219年）孙权取得荆州止，这二十年是孙氏政权不断向外扩张的时期。此后，向外扩张再无太大的进展。而孙权的主要注意力，亦逐渐转移到政权内部的完善和巩固之上。而他完善和巩固政权的第一步，是设立正式的朝廷，署置百官，建号称王。这正是：

占据三州形势盛，回头建号欲称王。

要想知道孙权如何一步步巩固政权，建号称王，虎踞江东，请看下文分解。

第八章

建号称王

在东汉末年鼎立的三方之中，无论是称王或者称帝，孙权都是不愿抢先而甘居末座，拖在最后才付诸实施的。

以称王而言，早在建安二十一年（216年）五月，曹操就迫使汉献帝加封自己为魏王。王国以邺县（今河北省临漳县西南）为都城，设置相国和群卿百官，下辖冀州十郡之地，俨然是汉天子治下的国中之国。建安二十四年（219年）五月，刘备攻下汉中，"跨有荆、益"。七月，他就在沔阳（今陕西省勉县）自称汉中王，并且把此前自己所使用的左将军、宜城亭侯官印，宣称退还给汉朝。至此，两方都称王了，然而孙权却没有动。

再就称帝而论，建安二十五年（220年）正月，曹操死，其子曹丕继位为魏王。当年十月，曹丕就终结汉室，自立为魏朝皇帝，并且改元为"黄初"。次年四月，刘备在成都（今四川省成都市）宣布继汉称帝，改元"章武"。刘备的幕僚费诗曾经劝刘备暂缓称帝，结果碰了一鼻子灰，不仅被贬职，而且被流放到边荒之地。就在魏、蜀两国君主忙着往自己头上戴天子冕旒之际，孙权依然没有来凑热闹。这时的他，不仅没有称帝，甚至于还没有称王，依然使用着过去曹操在世时东汉朝廷给予的骠骑将军等老官衔。

不过，孙权也不是没有动过心。得知北面出了一个魏帝，西面又出了一个新汉帝之后，他也曾找了几个观星望气的专家来询问，看看天空中对应着自己辖地的那一部分星座之间，有没有帝王之光气闪耀。这些观察天象者，自然更会测知人意，异口同声说是天上的斗牛之间，早已有王气辉映了。按照星相家的说法，天空中二十四宿中的斗宿和牛宿一带，乃是地上扬州的"分野"，其间的天象变化，便是扬州州境内人事吉凶的预示。有位叫作赵达者，更是具体地预言："亥子之间有大福庆。"亥年和子年，即是建安二十四年和二十五年，

图1　赤壁古战场

图2　清嘉庆间建吴大帝庙，位于杭州市场口镇

图3　吴大帝庙孙权像

图4 孙权故里龙门古镇

图5　孙权跨江战黄祖（《三国志像》）

图6　孙仲谋合肥大战（《三国志像》）

图7 孙权决计破曹操（金协中绘）

图8 孙权遗书退老瞒（金协中绘）

"亥子之间",岂不是近在眼前么!

听了这些吉利话,孙权高兴非常。然而高兴归高兴,权衡归权衡。他深知:目前自己雄踞三州,虽不称王,实际上的威权与王者无异。不如暂缓称王,以免过早成为众矢之的。史家都说,朱元璋之所以能够在元末群雄中,一枝独秀,开创明朝,是因为他坚持贯彻谋士朱升提出的"高筑墙,广积粮,缓称王"的策略。可是早在一千一百年前,孙权就已经熟知"缓称王"这一策略的奥妙,并且身体力行了。

孙权自己不急着称王,却有人派遣专使,主动把王冠捧上门来,非要戴在他头上不可。这个过分热情的人,就是新近登基的魏文帝曹丕。

这是建安二十五年(220年)的正月,孙权派出的专使来到洛阳(今河南省洛阳市东),把告捷文书和关羽的首级,呈献给魏王曹操。正在病中的曹操,高兴了几天,突然病势急转直下,瞑目长逝。太子曹丕立即继承了魏王位。消息传到江东,孙权考虑很久,最后决定继续效法越王句践不耻为臣妾的榜样,向曹丕表示崇奉之意,以便专力对付西面刘备必定会为关羽复仇的大举进攻。于是,这年七月,孙权又派特使前往洛阳,向曹丕呈献了一批异常贵重珍奇的南方特产。曹丕很是高兴,慰勉有加。十月,曹丕代汉称帝,年号确定为"黄初"。

黄初二年（221年）七月，刘备不顾赵云等臣僚的苦苦劝阻，倾国起兵五万余众，东下长江攻击孙权，为关羽复仇。孙权得到消息，一面派遣使者向刘备求和，以拖延时间和测试对方的反应，另一方面，又任命足智多谋、能担大任的陆逊为大都督，统率精兵五万抵抗刘备。刘备此时对孙权痛恨到了极点，巴不得食其肉寝其皮，哪里肯与孙权讲什么和！他毫不理会孙权抛来的橄榄枝，沿江而下催兵直进。兵过鱼复（今重庆市奉节县东），进入三峡，即来到荆州地界。在孙权军队江防的第一处据点巫县（今重庆市巫山县），刘备打了一个漂亮的歼灭战。初战告捷，刘备乘胜挺进，不久又攻克孙吴第二处江防据点秭归（今湖北省秭归县）。到了秭归，距离东边的三峡峡口就只有百余里了。刘备命令全军暂停前进，原地休整待命。

这秭归虽然位于高峡之下的大江之滨，却是一处钟灵毓秀之地。其城东郊有著名的香溪，乃是长江北岸一条小支流。香溪的入江口附近，有楚国三闾大夫屈原的故乡即乐平里。沿着明丽的溪水上溯不到一百里，又到了西汉王昭君的故乡明妃村。刘备驻军于此，是要凭吊一番古人么？非也。此时此刻，他还没有这等的闲情逸致。他之所以暂停不前，是因为有别的打算。首先，他要在此等候情报人员把敌方的军事部署打探清楚。其次，他还需要时间来争取荆州南部少数族的援助。

孙吴的抵抗部队，被主将陆逊部署在秭归以东的宜都郡（治所在今湖北省宜都市）境内沿江一线。宜都乃是孙吴新设立的一个郡，它位于南郡以西，是江陵西部的重要屏障。长江在秭归以下的宜都境内，流程约三百里，其中西陵峡即占流程的二分之一左右。江水出峡口后在平原缓缓东流一百五十里，即进入南郡境内了。在这三百里的江防线上，吴军的防御重点主要有两处。首先是位于峡口北岸的夷陵县（今湖北省宜昌市区）。这夷陵县城池坚固，形势险要，正当要津，被吴人视为"国之关限"，"失之非徒损一郡之地，荆州可忧"。因此，陆逊把吴军主力的大部摆在夷陵这里。其次则是夷陵下游一百里处的夷道县（今湖北省宜都市）。夷道县位于大江南岸，是宜都郡的治所。一过夷道，到江陵就畅通无阻，所以陆逊在此亦设有重兵。敌军布防情况明确之后，刘备经过反复慎重考虑，最后终于把下一步的作战方案定了下来。

这年二月，桃花水就要来临之际，刘备在秭归犒赏三军，并且下达了大举进攻孙吴的命令。他此时的部署，是水陆三军齐头并进，向敌境纵深地带发起强攻的阵势：居中为水军战船，同时载运军事辎重、粮食物资，由主将吴班、陈式统领。北岸的各路步兵，由将军黄权统领，任务有二，一是防备北方曹军的南下偷袭，二是扫荡长江北岸，保护主力的侧翼。至于刘备自己，则和南岸的步兵战略机动部队一起，向前进发。

孙权见刘备拒绝和谈，来势汹汹，必欲吞灭自己而后快，也就横下心来，与这个从前的妹夫一决雌雄。对于陆逊的谋略和才干，他是很放心的。最令孙权担心的是北方曹魏，会不会乘机南下来捡自己的便宜呢？他已经通过多种渠道，了解到新君曹丕的许多情况。此人年岁不大，全靠父亲打下的基础而上台，政治经验缺乏；但又怕群臣轻视自己，故而喜听颂扬之赞歌，厌恶逆耳之忠告。于是，孙权打定主意投其所好，来达到自己的目的。

这年八月，孙权派出的专使又来到洛阳，向曹丕呈上一道表章。表章中把曹氏父子的功德着实颂扬了一番，又特别向新朝天子曹丕，表示臣服效忠之诚意。那情感之深挚，文辞之华美，曹丕看了不禁心中发热，头脑发昏。上一年十月间帝位禅代之际，群臣所上的歌功颂德文章可谓累牍连篇，把曹丕说得是天上有地下无，曹丕读了也没有这样的欣快感。

为什么呢？因为曹丕知道，那全是在自己授意之下演出来的把戏，正是现今所谓的"老王卖瓜，自卖自夸"。可是眼前这一通表章，却是数千里外的孙权，自觉自愿主动进献上来的，感受自然有天壤之别了。除了表章之外，来使还带来大批珍贵的贡品，又把先被关羽俘虏后来被吕蒙收容的曹军樊城守将于禁等人送回。面对这一切，登基不久的曹丕，心想这孙权真是如同此前有人形容的那样，是"一何可爱"，"了更妩媚"，即真是多么可爱，确实更加妩媚了。朝中大臣亦纷纷捧场，庆贺曹丕威德远扬，致令远人稽首归服。心花怒放的曹丕，立即下诏封孙权为吴王，以"绥安东南，纲纪江外"，并派太常卿邢贞为特使，起程前往江东向孙权加封授赏。

曹丕的诏令刚一宣布，即有一位智虑深远的谋臣刘晔出来谏阻。刘晔认为：孙权乃是伪降，不可接受；宜乘机大举攻吴，旬日可克；吴亡则蜀孤，天下可迅速平定。即便是要接受孙权的投降，赏他一个十万户侯，也就够之足矣，不可以之为王；如果把距离天子之位仅仅只有一级台阶的王爵给了孙权，让孙氏政权有了君臣之分和正式的朝廷，无异于为虎添翼，将会后悔莫及。

可是，曹丕正在兴头之上，所以把刘晔的忠言当作一阵耳旁风，根本听不进去。戍守南方边境的曹军将领，闻说孙权来归而且得到皇帝的封赏，警戒之心顿时松懈下来，更不会向境外出击了。老谋深算的孙权，很快就察觉了边境上敌情的微妙变化，不禁暗中松了一口大气。

十一月，曹丕的特使邢贞来到江南。这时，孙权为了加强和上游荆州的联系并加强控制，已经把行政中心向西迁到了江夏郡的鄂县（今湖北省鄂州市），并且把鄂县改名为"武昌"。武昌者，以武力昌盛国家也。但是请注意，这个最早出现的武昌，与现今武汉市的武昌完全不是一回事，不要弄混了！

话说孙权在武昌隆重迎接来使，邢贞说明来意，希望迅速择一吉日，举行封拜吴王的大典。消息传开后，孙氏政权内部立即议论纷纷。

其实，孙权本人亦感到有些意外，于是召集部属商议对策。会上人们都反对接受曹魏的封赏，有的人还建议，孙权可以自称为"上将军、九州伯"。一直沉默不语的孙权，看起来似乎在专心致志地倾听每一个发言者的谈话，实际上却不断在走神。他心里总想着一个人，这就是西汉皇朝的开国皇帝刘邦。当初，群雄起兵抗秦，共同约定：先入关中者为关中之王。后来刘邦最先平定关中，项羽却违背前约，把刘邦分配到偏远的巴、蜀、汉中，去当汉王。刘邦能够暂时忍受欺侮，谋求长远发展，终于转弱为强，最终吞灭项羽。当刘邦登上皇帝之位，在京城长安未央宫中，置酒大乐之日，又还有谁会提说他当初向项羽卑躬屈节的耻辱呢？想到这里，孙权心中豁然开朗。他挥手止住众人的议论，坚定地说道："'九州伯'这一名称，古往今来闻所未闻，不宜随便使用。至于受魏封赏一事，昔日沛公刘邦亦曾受项羽之封为汉王，这都不过是权宜之计，又有什么不好呢！"

其实，群臣中有不少人，都只是怕孙权本人受不了才提出异议的。现在他们看孙权自己的态度，竟然是如此豁达，自然也就不再反对。于是，孙权择定吉日，举行仪式，接受封爵，成为统治扬、荆、交三州之地的吴王。

以上就是孙权被曹丕硬拉上王位的经过。

孙权戴上曹丕送来的王冠之后，索性把这场已经开幕了的假戏，正儿八经演到底，对曹丕继续大灌迷魂汤。

当月，他派出中大夫赵咨，作为特使前往洛阳，拜谢曹丕的封赏，照例又献上一批珍奇的贡品。

赵咨走后不久，曹丕的专使也紧接着来到武昌，向孙权索要南方的多种特产，包括雀头香、大贝、明珠、象牙、犀角、玳瑁、孔雀、翡翠、斗鸭、长鸣鸡等，列出了一长串清单。群臣看到这么长的清单，都认为曹丕的勒索实在是太过分了，应当拒绝贡献。孙权却认为：比起国家和人民的安危来，这些珍稀之物都不过如瓦石一般，不值得可惜。现今最主要的急务是抗击刘备，为了缓和曹魏的压力，可以满足曹丕的要求。于是，立即派遣使者又将这些珍稀之物送往洛阳。

十二月，曹丕心血来潮，要封孙权十四岁的长子孙登为万户侯，以奖励积极上贡的孙权。孙权马上派遣西曹掾沈珩到洛阳，向曹丕再三谦让，同时再度运去一批地方名贵特产。

当然，孙权交给这些使臣的任务，并不仅仅是送送贡品和说上一大通好听话语而已，他还交给他们一个特别任务，即细心注意观察曹魏内部的真实政治态度和种种重要动向。经过细致的观察，赵咨和沈珩二人，都做出了相同的判断，即"北方终不能守盟"；既然北方的曹魏终归不能遵守同盟关系，那就应当早做准备，以防不测。孙权所担心者正在于此，他一面继续和曹丕虚与周旋，一面派人到荆州前线去了解战况。

吴军大都督陆逊，此时此刻所承受的压力真是不轻！孙权派人来了解战况，这是从上面来的压力；部下诸将对他的指挥能力和作战方针有所怀疑，这是从下面来的压力。陆逊本非孙氏旧将，加之外貌温雅，年龄不过虚岁四十初满，所以受命为大都督时，那些出身于孙氏宗族和旧部的将领，"各自矜持，不相听从"。陆逊召集诸将，给他们上了一堂政治大课。他手按宝剑厉声宣布说："刘备乃天下知名的人物，连曹操也不敢小视他。现今他亲率大军压境，这是我们强劲的对手。诸君承受国家的厚恩，本应团结一心，消灭敌人，现今反而不听我的指挥，这是绝对不行的！我虽是书生，却受命于主上。大家各自担当任务，不能相互推诿！军令就摆在这里，绝对不准任何人违犯！"

诸将见陆逊正气凛然，柔中有刚，放纵行为这才有所收敛。到达前线后，诸将又对陆逊所坚持的诱敌深入、待其军心涣散而攻击之的既定战略表示深深的怀疑。陆逊不愧是一个"意思深长，才堪负重"的非凡人物，他顶住巨大的压力，继续坚持既定的战略方针，与刘备大军相持而不决战，等待对方"兵疲意沮"这一时机的到来。

与此同时，孙权在后方的表现也算得上卓然不凡。尽管他担心曹魏会乘虚而入，从而希望能尽快击退刘备，但是，他最多只是派人去了解了解战况，却绝对不干涉陆逊的具体指挥。疑人不用，用人不疑，这两句话人人都会说，但是真正要实行，特别是在重大关头也能坚守不渝，那就不容易了。

就这样，吴蜀两支大军从黄初三年（222年）的正月到六月，在三峡东口夷陵县境内的猇亭（今湖北省宜昌市猇亭区）一带相持了半年多。这年的闰六月，陆逊见对方锐气已衰，又是沿山设置连营，觉得时机已经成熟，决定大举反攻。他命令士兵每人手持茅草一把，进至敌营后先行放火，再持兵器冲杀。结果，一战成功，烧毁攻破蜀军大营四十余座，临阵斩杀对方的大督冯习、前部督张南、胡王沙摩柯等大将。刘备慌忙杀出重围，带领少数亲信西奔三百余里，到达益州境内的鱼复县治所白帝城（在今重庆市奉节县东白帝山），才算逃脱性命。这一战，刘备的五万兵马几乎损失得干干净净，至于舟船器具各种物资，亦丢弃无余，史称"尸骸漂流，塞江而下"。

刘备到达白帝城后，又是羞愧又是愤恨，竟然一病不起。陆逊部将徐盛、潘璋等要求继续进攻白帝，俘虏刘备。但是，陆逊担心曹魏偷袭后方，没有下令穷追，迅速率领大军回到江陵。至此，孙吴西面的局势就完全转危为安了。

在武昌的孙权得知西线获得全胜，刘备元气大伤，心里悬了许久的一块大石头才算落了地。他立即赶往上游的江陵，犒赏全军将士。此役的首席功臣陆逊，荣升辅国将军，兼荆州牧，封江陵县侯，从此成为镇守荆州上游的最高军政长官。以下将士，亦一一论功行赏。从江陵回到武昌后，孙权又煞有介事地向曹丕呈送了一份报捷表功的表章。

直到这时，曹丕才想起要孙权兑现一张早已开出来的支票。原来，前年七月，曹丕继位为魏王后不久，孙权曾遣使向曹丕称臣致敬。由于这是第一次和曹丕打交道，孙权生怕对方不信任自己，除了运去许多珍稀之物外，还动员了一位说客前往。这位说客姓浩名周，字孔异，乃并州上党郡（治所在今山西省长治县）人氏。关羽围攻襄阳、樊城时，水淹樊城曹军，曹军主将于禁，以及当时担任监军的浩周，均被关羽俘虏。孙权袭杀关羽，浩周和于禁又流落到江东。孙权得知浩周过去深得曹氏父子的信任，又见其人迂阔可欺，于是就在浩周的身上下功夫，说自己对曹氏父子如何忠心，希望浩周能够代为转达，另外，又馈送了浩周不少金银宝物。浩周见对方愿意放自己回去，又赠以重金，人情美美，便满口应允在曹丕面前为孙权说好话。这浩周也确实迂阔得可爱，他回去后不仅竭力帮孙权说话，甚而至于以全家的性命，保证孙权会马上送长子孙登到洛阳来作人质。曹丕见浩周态度如此，也就对孙权的"忠诚"确信不疑。一年以后，曹丕遣邢贞封孙权为吴王，浩周也作为使团之一员南来。他见孙权一年多尚未履行前言，把长子孙登送到洛阳，不禁有几分不安。于是找机会悄悄告诉孙权，说自己曾以全家性命作担保，请孙权不能食言。孙权听了，感动得涕泗滂沱，指天发誓要迅速送长子孙登到洛阳。使团走后，孙权依然不动。及至猇亭之战结束，又拖了整整一年，孙登仍旧嬉戏于武昌的吴王宫中。

　　黄初三年（222年）九月，曹丕派遣侍中辛毗、尚书桓阶二人，到孙吴与孙权重新订立君臣誓约，然后把作为人质的孙登带回去。孙权一见曹丕此番定要自己履行诺言，便拒绝辛、桓二人入境。曹丕得报，这才知道自己被孙权的巧言伪饰蒙蔽已久，勃然大怒，立即下令：曹休、张辽、臧霸三将从九江郡历阳县的洞口（在今安徽省和县南），曹仁从庐江郡的濡须水（今安徽省含山县西南），曹真、夏侯尚、张郃、徐晃四将从南郡方向，分三路进攻孙吴，顿时，长江沿线烽烟四起。

　　孙权对此早有准备。他想，幸好在这以前赢得时间，先把刘备这一面的威胁彻底解除了，使我而今得以专力对付曹丕小儿。于是，他令大将吕范率军抵御洞口之敌，大将朱桓率军扼守濡须坞，诸葛瑾、潘璋、杨粲三将率军支援南郡。分遣诸将已毕，孙权放心地坐下来，握管挥毫，亲自向曹丕写了一封书信。和曹丕打交道打了两年多，孙权还是第一次亲笔写信致意。前不久，曹丕曾将自己创作的诗文手抄一份送给孙权，大概孙权是想以此作为回报罢。

书信不久就摆在曹丕的案头。他展开一看，竟是孙权卑辞求饶的文字。前面是一大段自我痛责，其感情之深挚，文辞之典丽，连曹丕这个文章高手亦啧啧赞叹。书信的末尾孙权写道：

若罪在难除，必不见置，当奉还土地、民人，
乞寄命交州，以终余年。

看到这几句，曹丕不禁怀疑自己的眼睛是不是看错了——孙权说，如若我的罪责难以得到陛下的免除，一定要处置我的话，我就愿意交出所管辖的土地、百姓，请求让我前往偏远的交州，了去此残生吧。

曹丕心想，孙权如果说的是真话，他又何必出动兵马，坚决抵抗我的三路大军呢？到了此刻，曹丕才恍然大悟，孙权这封信仍然是在愚弄自己！擅长笔翰的曹丕心想，要比舞文弄墨，我还会输给你么？当下濡笔伸纸，文不加点，草就三百字左右的复函一通，其精彩的结尾是如下的文句：

今省上事，款诚深至，心用慨然，凄怆动容。
即日下诏，敕诸军但深沟高垒，不得妄进。若君

　　必效忠节，以解疑议，登身朝到，夕召兵还。此
　言之诚，有如大江！

　　意思是说：看了你呈上来的书信，忠诚之心跃然纸上，
我心深受感动，深表同情。当天我就下达命令，要求南下的
各路大军原地修造防御设施，不准妄自向前进攻。如果你真
心展现忠诚节操，以此打消我们对你的怀疑，那就把你的太
子孙登送到洛阳来，他早上到，我当晚就召还南下诸军。此
言的真诚，就像长江的存在一样可信无疑！

　　孙权得到复函，将末尾这一段已经具备魏晋骈文风韵的
文字吟诵了三遍，然后将信函投掷到公案之上，咬牙说道：
"曹子桓（曹丕字子桓），我要与你分庭抗礼了！"

　　当年十月，统治三州之地的吴王孙权，向所辖臣民宣布，
开始使用自己首次确定的年号，也就是"黄武"，不再使用曹
魏方面的年号"黄初"，彻底脱离曹魏而自立；同时调发大兵
据守长江沿线，与曹魏武力对抗。至此，三鼎足之一的孙吴，
才算彻头彻尾地独立了。

　　为何孙权不改用自己所定的年号，就算不上彻底独立？为
何孙权所采用的年号"黄武"，和曹丕所采用的年号"黄初"，
都有一个"黄"字？这中间的奥妙，说一说也是很有趣的。

我们中国，自古就是一个以农业为国民经济基础的国家。因此，观察天象，制定历法颁行天下，从而指导全国农户的农事活动，就成为君主的一项主要任务。《尚书·尧典》中说："乃命羲和，钦若昊天，历象日月星辰，敬授人时。"可见早在唐尧之时，就曾经命令臣下，根据天象变化，制定历法，给予民众标准的时间，这已经成为君主所重视的大事。由于此项任务是君主所承担，久而久之，颁行历法，又变成了君权的一种象征了。

颁行历法，自然要涉及纪日、纪月和纪年的方法。就以纪年的方法来说，最早是按照君主即位的年次来纪年，例如公元前 781 年，记录为周幽王元年、鲁孝公二十六年、燕顷侯十年之类；具体使用哪一项，则根据使用者的国别而定。自从汉武帝开始，创立年号纪年之法，年号一般选取两个具有吉祥含义的字。例如公元前 100 年，记为西汉武帝天汉元年；公元 30 年，记为东汉光武帝建武六年。"天汉"和"建武"，分别就是西汉武帝、东汉光武帝的年号。自从使用年号纪年后，新君嗣位或新朝建立，都要放弃旧年号，使用新年号，这叫作"改元"。孙权改元黄武之前，虽然实际的威权与王者无异，但因先后称臣于东汉、曹魏，所以不得不使用"建安""黄初"的年号纪年。如今他改元"黄武"，抛弃"黄初"，自然是一种与曹魏彻底决裂而独立自主的明确政治表示了。

至于"黄武""黄初"两个年号，为何都带一个"黄"字，这又与秦汉之际盛行的一种五德生胜论密切相关。

所谓"五德生胜论"，就是以木、火、土、金、水五行相生相克的道理，来比附和解释历代皇朝兴灭替换的政治理论。秦人主张相克（亦即相胜），汉人主张相生。汉代的五德相生论认为，夏朝为金德。金生水，故继夏而起的商朝为水德。水生木，故继商而起的周朝为木德。汉代灭秦而起，不继秦而继周，木生火，故汉朝为火德；秦朝被抛到一边，称为闰位。汉朝既为火德，火色赤，所以斩白蛇的刘邦又被说成是"赤帝子"，刘邦起兵后军中也尽竖赤旗。火生土，则继汉而起的皇朝为土德。土色黄，故而曹丕改元为"黄初"。如今孙权要与曹丕分庭抗礼，当然也不能忽略一个"黄"字，否则就会被说成是如嬴秦一般五德无继的"闰位"了。至于"武"字，这不仅表明孙氏以武创业的特色，而且也是向外界特别是曹丕传出信号：我孙氏家族具有尚武精神，普天之下怕过谁？惧过谁？由此可见，孙权第一个年号取名"黄武"，其间实有深意存焉。

建号称王之后，孙权开始署置丞相百官，建立正式的朝廷，完善军政机构，运转国家机器，忙得不亦乐乎。半年左

右，也就是黄武二年（223年）二月，曹魏三路大军讨伐建号
自立的孙权，无所成功，被魏文帝曹丕召回。抗曹取得胜利，
大大加强了孙权割据自立的信心。从此，他即以独立王朝君
主的姿态，活跃在政治舞台之上。这年三月，刘备病死，刘
禅继位，诸葛亮以丞相执掌蜀汉朝政。至此，蜀、吴两国重
新建立起战略伙伴的同盟关系，共抗曹魏，三国鼎立的时代
终于正式开始。这正是：

纵横捭阖开新局，从此三分正幕开。

要想知道孙权正式建号称王之后，又如何会与西面的蜀
汉重修旧好，结成同盟关系，请看下文分解。

第九章

修好西邻

  在汉末三分天下的过程中，魏、蜀、吴三国的君主，都曾经充分施展他们纵横捭阖的政治手段。但是，其中表演最为出色者，非紫髯公孙权莫属。这不仅因为他在位的时间远较他人为长，长达五十三年之久，比他人表演的时间多，因而次数也多，而且还因为孙吴所处的特殊地位，给了他更加充分的表演机会。

  魏、蜀、吴三国相互之间的关系，魏蜀之间是始终敌对，势不两立的。因此，这两国的争取和利用对象，就只有一个吴国。反过来看，孙吴的争取和利用对象，却有魏和蜀两家，所以孙权尽可以时而联蜀攻魏，时而又和魏攻蜀，全看当时的形势需要而定。现今，他既然与曹丕彻底翻了脸，那就一定要同蜀汉拉拢关系了，因为孙权处理对外关系的基本原则就是：任何情况之下，都要避免两面受敌。

刘备在闰六月败退回鱼复县白帝城后，当即把鱼复改名为永安（今重庆市奉节县东）。"鱼复"二字的得名是颇有地方特色的。发源于巍巍昆仑的万里长江，汇聚万千支脉成一江春水，直奔三峡西端的夔门。在那夔门壁立如削的江岸北面，耸立起高山一座，此山名曰白帝山。山下深潭之上，碧波汹涌回环，常有大鱼出没其间。而山顶的白帝城即是当时的县治所在，所以县名取为"鱼复"。"鱼复"者，鱼群游动往复之意也。刘备到此之后，即在白帝城西平地上的行宫养病，不能行动。为了讨个吉利，刘备给鱼复改了一个新名字"永安"。"永安"者，永远安定平安也，无非是祈愿敌军的攻击到此为止，自己的病躯早日安康之意。六十二岁的刘备，叱咤风云数十年后，渐渐走到生命的尽头。

不过，只把地名改换改换，还不能把敌军乘胜来攻的危险完全消除，对此刘备当然很清楚。陆逊的部将李异、刘阿，一直跟踪追击，到达鱼复县附近对岸的南山。刘备命令部下拼死血战，才把追兵杀退。迫于无奈，他只得派人给前内兄孙权送去一封书信，请求议和修好。当然，这只是一种缓兵之计，并非出自其真心。

这年秋天，刘备的使臣来到当时孙权的都城武昌县（今湖北省鄂州市）。这时，孙权对曹丕的虚辞周旋正搞得上劲，不愿刘备来干扰，所以只是派有关的官员收下书信了事，既没有亲自接见使臣，更没有写信回复，完完全全来了一个"冷处理"。

刘备受到冷遇，开始心中不免愤愤然，但是，到了九月间就稍感宽慰了。其所以如此，倒不是因为他想得开，能自我排解，而是发觉敌军主帅陆逊已把主力部队撤回江陵（今湖北省荆州市荆州区），一直屯聚在白帝城附近南山一带的吴将李异、刘阿，亦主动收兵退回荆州界内的巫县。永安虽未永远安定，暂时却是不闻金鼓之声。起初，刘备还以为是自己的书信起了作用，心想我这位前内兄到底不忘旧情。不久，有探子报告，说是曹丕派出三路大军南下攻吴，刘备才恍然大悟。左思右想，心有不甘，于是口述一封短简，派人送给镇守江陵的敌军主将陆逊，信中写道："贼军今已在江陵，吾将复东，将军谓其能然不？"意思是说，曹军已经指向江陵，我也要再度东下报一箭之仇，你看我办得到吗？

陆逊当然不肯示弱，立即回函一封，上面说：

> 　　但恐军新破，创痍未复，始求通亲，且当自
> 补，未暇穷兵耳。若不惟算，欲复以倾覆之余，
> 远送以来者，无所逃命！

　　大意是说，你新遭大败，元气大伤，前不久还在向我们求和，恐怕你是不敢东下的。如果硬要率领残兵败将来试一试，一定性命难逃！

　　从上面两人一番唇枪舌剑中可以看出：此时吴蜀两国虽然脱离了战斗接触，却还没有正式结束战争状态。

　　黄武元年（222年）十一月，也就是孙权改元自立后的第二个月，他派出的特使，即太中大夫郑泉，到白帝城去见刘备。此行的使命，表面上说来是探视问候患病未愈的蜀汉君主，其实是要结束与蜀汉之间的战争状态。

　　孙权的使臣郑泉，字文渊，乃陈郡（治所在今河南省淮阳县）人氏。其人博学多才，能言善辩，但是有一个突出的特点，就是嗜酒如命。他经常对人说："我最大的希望，就是乘上一只载满美酒佳肴的大船，醒时即痛饮，醉时即酣眠，任随船儿漂流四方，这是天底下最美妙的事了！"

孙权本人就有爱酒之癖，所以并不把郑泉的贪杯，看成是什么了不得的缺点。他认为，郑泉口辩过人，必能不辱使命，如此就够了，何须苛求小节？郑泉也果然不负所望。他到达永安之后，面见刘备呈上国书，说明来意。刘备接过国书，并不急着拆封展看，却把脸一沉，发问道："上一次吴王为何不答复朕之书信？莫非是认为朕不该正名称帝么？"

这两个问题都不好据实回答。孙权上次拒绝答复刘备的和议，是因为他还在和曹丕眉来眼去。至于对于刘备称帝问题，孙权一直不承认前妹夫这个新名号，因为他自己才只是王的爵位，若承认你是帝，岂不是自贬一等么？所以他只承认刘备是汉中王，彼此平等对待。这一次郑泉带来的国书上，正是用的"汉中王"这个老头衔称呼刘备。然而这一切都不能明说，明说刘备必定动怒，那郑泉就只有打道回府了。

面对刘备的突然袭击，郑泉那非凡的应对口才，就得到充分的用武之地了。他侃侃答道："曹操父子凌辱汉帝，篡夺其位，殿下既然是大汉宗亲，理应率军讨贼，为天下臣民做出表率才对。令人失望的是，殿下并未做出如此义举，却反而忙于称帝正名，吴王深以殿下之举措为羞耻，故而不予回复。"

素来以大汉皇亲自居，以"兴复汉室"为己任的刘备，被郑泉抓住要害施以反击，反倒弄得有些惭愧难当了，于是，他赶忙展开书信阅读。此时此刻的刘备，既无力上路回都城成都（今四川省成都市），更无足够的兵力东下复仇，独卧穷城，处境困窘，当然巴不得与东邻暂时中止敌对状态，以便静下心来考虑身后之事，因为他自知在世之日已经不多了。于是，刘备当下应允和议，并设宴款待郑泉。郑泉过足三天酒瘾之后，随同刘备派出回报孙吴的使臣宗玮，一路东下，回到武昌。至此，吴蜀两国化干戈为玉帛，正式中止了交战状态，相互有了外交往来。

孙权处理好了西邻关系，便集中精神专力对付北方的曹丕。三个月后，曹丕的三路大军无功而返，长江沿线紧张的军事形势亦大为缓和。这两三年间，孙权殚精竭虑，纵横捭阖，对曹魏先和后战，对蜀汉先战后和，在外交和军事两方面都成为大赢家。此刻，他坐在武昌宫中，回味着这一切，欣慰之余不禁生出几分骄矜来。

时维三月，序属暮春。寒气尽而和风生，江水清而芳草绿。孙权在武昌城北长江边的钓台之上，大开酒宴，款待群臣，庆贺胜利。这钓台是山顶一处平地，上建楼阁，下临大江，果真是举杯尽欢的最佳去处。孙权生性好酒，但是自从他继位统事以来，内外机务繁剧异常，忙得他席不暇暖，食不甘味，难得有时间和心思痛饮一场。而今政务顺手，局面安定，心情舒畅，置酒高台，群臣并至，古人所谓的良辰、美景、赏心、乐事这"四美"，无一不备，孙权岂能不一醉方休？所以酒宴一开始，孙权就亲自下令："今日必须要开怀畅饮，除非醉倒台中，否则不准散席！"

佳肴毕陈，觥筹交错，这一场盛宴，从日丽中天一直持续到明月初升，尚未停歇。约有一半的臣僚，已经醉倒于几案之间，就是酒量过人的吴王孙权，亦已有七八分的醉意。他兴犹未尽，喝令侍从端来冷水，洒在醉倒于地的臣僚脸上，要使他们清醒过来，以便再饮。这时，坐在左边首席的老资格文臣张昭，勃然作色而起，离席而去。孙权心中不悦，随即命人将张昭请回。待张昭坐定，孙权问道："今日欢饮，为的是取乐，张公何以要动怒呢？"

张昭神情严肃地回答道："昔日商纣王修筑糟丘酒池，作长夜不散之饮，当时他也只认为这是作乐，而不是作恶！"

孙权一听张昭把自己比作著名的昏君商纣王，心中顿时怒气升起。不过，看到年近七十的张昭那一口白色长髯，他强压怒火，没有发作。又饮了一刻，孙权离席下堂，亲自为诸臣行酒劝饮。来到骑都尉虞翻座前时，孙权见他已醉卧在地，不能持杯，便向邻座走去。不料此时孙权偶一回头，却见虞翻复又坐起，才知道虞翻刚才是佯醉倒地不饮，不禁勃然大怒，立即拔出腰间利剑，要杀虞翻。群臣一见孙权拔出雪亮的吴钩宝剑，酒意顿时被吓掉了一多半！坐在邻侧的大司农刘基眼明手快，急忙从后面抱住孙权，劝说道："大王在酒后杀人，即使虞翻有罪，天下的人何以知晓啊？而且大王一贯能容纳贤才，所以海内人士纷纷来归，现今因小忿怒而损害大美誉，难道可以吗？"

孙权咬牙切齿地回答道："曹孟德尚且杀了孔融，我就杀不得虞翻么！"

刘基急忙反驳说："曹操随意杀害贤明士大夫，天下人莫不非议。现今大王要仿效尧、舜那样施行德义才对嘛，怎能与残暴的曹操相比呢？"

这时，群臣都拥上来劝解，孙权也开始冷静下来，虞翻才算捡回了一条性命。一场盛大的酒宴，以大欢乐开始，却以不愉快告终。虽然事后孙权吩咐左右："从此我酒后说杀，皆不得杀！"但是，这一不愉快事件，仍然在孙吴臣僚的心中投下难以磨灭的阴影。

"月儿弯弯照九州，几家欢乐几家愁。"就在孙吴君臣痛饮于武昌钓台的春三月，蜀汉却被一片悲哀之雾所笼罩，原来刘备在永安宫病危了。

刘备在上年十一月与孙吴恢复邦交后，病情就急转直下。他自知来日无多，便急召丞相诸葛亮从成都来永安托付后事。次年二月，诸葛亮到达永安。三月，刘备病危，托孤于诸葛亮。四月，刘备死亡，终年六十三岁。五月，太子刘禅继位于成都，诸葛亮护送刘备灵柩回转成都，开始以丞相身份掌控蜀汉朝政。

诸葛亮秉政，第一件对外急务，就是要设法加强与孙吴的友好关系，重新结成战略伙伴联盟。对于如何处理与孙吴的关系，诸葛亮一直是主张"和为贵"的。他不赞成关羽那种对邻居咄咄逼人的态度和做法，更不赞成刘备倾举国之力东下复仇。但是，由于关羽与刘备的特殊情分，诸葛亮那位在孙吴效力的胞兄诸葛瑾，又深深介入了袭杀关羽、夺占荆州的军事纷争之中，这就使他不能畅所欲言进行劝阻。所以刘备夷陵大败后，他只有发出"法孝直（指刘备信任的谋臣法正）若在，则能制主上，令不东行"之叹。现今自己操纵政柄，诸葛亮自然要把政局的方向纠正过来。加之此时蜀汉内部政局不稳，益州南部一些郡发生叛乱；北方曹丕又指使司徒华歆、司空王朗、太史令许芝和谒者仆射诸葛璋等人，纷纷写信与诸葛亮，诱劝他归降曹魏，诸葛亮也迫切需要和孙吴正式结成联盟，以便腾出手来处理这些麻烦事务。经过一番考察，诸葛亮选中了尚书邓芝作为使臣，去完成这一使命。

这年十一月，邓芝来到武昌，求见吴王孙权。出乎他意料的是，一连过去数日，孙权都没有传令接见他。

其实，孙权心里最初也是愿意修好西邻的。且不提上年曾经派遣郑泉西上永安去见刘备之事了，就是这年四月刘备死讯传来后，他也马上派遣专使冯熙入蜀吊丧。那么何以此时他又不愿尽快接见邓芝呢？

原来，这半年来局势的变化，使他产生了改换初衷的念头。

当年五月间，到蜀汉吊丧的使臣冯熙回武昌复命，向孙权报告了邻国的内部情况。刘备弥留之际，蜀汉政局即呈现出不稳定现象。成都西南的汉嘉郡（治所在今四川省名山县北）太守黄元，首先举兵反叛，进军攻击成都。兵败，乃顺江而下，企图投奔孙权，中途被擒获。益州南部少数族聚居的几个郡，也有发生动荡的趋向。孙权听了之后，若有所思。不久，消息传来，益州南部的益州郡（治所在今云南省晋宁县东）豪族大姓雍闿，起兵杀死太守正昂，又俘虏继任太守张裔，现今正取道孙吴南面的交州（主要地域在今广东省、海南省、广西壮族自治区），把张裔押送到孙吴。此时起了趁火打劫之心的孙权，不禁暗喜，立即任命雍闿为永昌郡（治所在今云南省保山市北）太守。这永昌乃是蜀汉益州下面管辖的一郡，孙权在他国行政区域中任命官员，其政治用心不是昭然若揭了么！

雍闿得到任命，迅速领兵前往永昌赴任。同时，又联络同乡豪强大族孟获、牂柯郡（治所在今贵州省都匀市北）太守朱褒、越嶲郡（治所在今四川省西昌市）少数族首领高定等人，一同叛蜀投吴。于是，与孙吴交州、荆州接壤的蜀汉南部，大有变为孙吴版图的模样。孙权见形势的发展对自己极为有利，便从江陵召回镇守荆州的陆逊，征求对付蜀汉的方略。邓芝来到武昌时，孙权和陆逊的密商尚未得出明确论。如结论是续修旧好，接见邓芝自不用说；如结论是要乘虚攻取蜀汉辖地，那就没有接见的必要了。邓芝接连几天在宾馆中坐冷板凳，其原因就在于此。

又过数日，孙、陆二人的密商有了结果，决定还是与蜀汉重修旧好，专力对付曹魏为上策。这个决定的做出，陆逊起了非常重要的作用。

孙吴是一个以武力创国和立国的政权，因此，掌握兵权的军队主将，对于大政方针拥有很大的影响力。此前的军队主将周瑜、鲁肃、吕蒙三人，周和吕是主张兼并荆、益两州以自大的"吞刘派"，鲁肃则是主张联合刘备抗击曹氏的"亲刘派"，这在前面已经提到。至于继起的陆逊，他的主张可以说是介于以上两派之间。在关羽占据荆州之时，陆逊认为这对江东的威胁太大，力主进取上游，兼并荆州；及至荆州拿到手，全据长江沿线之后，他就开始变得持重起来，不再赞成那种顶风冒险式的大规模对外扩张了。总之，陆逊考虑问题的中心，是如何确保江东三吴地区的安全无虞，而与周瑜、鲁肃、吕蒙等人着眼于全国者有异。所谓的"三吴"，就是位于长江下游南岸的吴郡、会稽郡，以及后来新设置的吴兴郡。这三个郡是孙吴政权的核心地区。由于周瑜、鲁肃、吕蒙三人都是汉末流寓江东的江北人士，而陆逊的家族，却是已经在江东吴郡吴县（今江苏省苏州市）繁衍了二三百年之久的土著大族，因而两方面政治主张之间出现歧异，也就不难理解了。

陆逊在密谈中极力劝阻孙权进取益州，理由主要有二：首先，在对方君主刚刚死亡时趁机进攻对方，这种"因丧伐国"之举，将会在天下造成趁火打劫和"得荆望蜀"的恶劣政治影响；其次，蜀地险要，诸葛亮又深得人心，如蜀汉全力抵抗，我方动员五万大军亦未必能在短期之内得手。一旦曹魏乘我悬师数千里外之机，大举南下袭击我之后方，好比前不久我方之突袭关羽一般，那又如何应对呢？

对天下的政治影响如何，孙权倒无所谓，政治家看重的是利害，哪里会受腐儒道德的束缚？只有这后一条可能两面受敌的理由，倒是击中了孙权的要害。他反复权衡了数日，最后还是决定放弃这场大冒险。于是，他传令侍从，接见蜀汉来使。

次日上午，邓芝在宽敞但不甚华丽的武昌王宫觐见吴王。入座之后，邓芝献上国书，说明来意。孙权开口道："我倒是很愿意与贵国结好，不过，贵国的新君主太年轻，国小势弱，本身就难以抵抗曹魏的进攻，所以我方对此犹豫不决啊。"

邓芝从成都出发前，即已得知汉嘉郡太守黄元奔吴被擒和益州南部诸郡叛蜀投吴的情况。他在宾馆等待接见的十多天中，一直在分析孙权迟迟不露尊容的原因，最后认为，这很可能和自己国内的动荡局势有关。他看孙权一开口就在试探本国的虚实，而且带有一种轻视的意味，立即意识到绝对不能示弱，否则不仅难以修好，甚而还会助长吴王觊觎我国之心。于是，他沉着地回答道："吴蜀二国拥有四州之地，大王是当世的英雄，而我方执政的诸葛亮也是一时的豪杰。蜀汉有重重险阻，吴国也有天堑长江掩护。我们两国如能相互支持，进可兼并天下，退可鼎足而立，这是毫无疑问的！"

　　邓芝一开始就注意从"人"和"地"两方面，把蜀汉和孙吴相提并论，用意是在提醒对方：我们并不如你所想象的那么衰弱不堪，也是有实力作为依靠的。他接着说道："大王如要臣事于魏，则魏国必将提出一些非常苛刻的要求；一旦不从命，就可名正言顺地进攻贵国。到了那时候，我们自然要乘机东下，整个长江以南的土地就会不再归大王您所有了！"

　　这一段话的弦外之音是，如果孙吴不愿成为我们的盟国，那就必定是我们的敌国，曹魏攻吴时我们一定会趁火打劫的。你们来攻，我们有崇山峻岭凭借，毫不惧怕。我们若乘上流之便，在你们危难之际给以重击，你们可就要受不住了。

　　孙权对于邓芝这番柔中有刚的话，当然能够心领神会。他现在才认识到，由于自己已经在蜀汉南方诸郡的叛乱中插了手，因此，此刻自己愿不愿意修好结盟，在对方看来就是有无敌意的明确表示。对方强烈希望修好结盟，一个主要的目的就是要阻止自己染指蜀汉南方，否则，就不惜以兵戎相见。他沉默良久，决定按照此前同陆逊议定的方针行事。于是，他转向邓芝，微笑着说道："你的话说得不错呀！"

　　邓芝一听此言，心中悬起的石头才算落地。当下，孙权设宴款待邓芝。接下来，两家又拟定盟约的内容。半个月后，邓芝高高兴兴回转蜀汉复命。

第二年夏天，孙权也精心选派一位能言善辩的臣僚，也就是辅义中郎将张温，作为自己的特使，到蜀汉加强友好关系。蜀汉随后又遣邓芝随来武昌。在一次宴会上，孙权有意考问邓芝，对他说："假如今后我们兼并了曹魏，海内太平，我们两家分治天下，不是一件非常愉快的事情吗？"

邓芝立即回答道："天无二日，土无二王。如果吞魏之后，大王不肯归顺我们的话，那么两国之君就各修其德，两国臣下亦各尽其忠，大家部署阵势，决战高低，怎么可能分治天下共享太平呢？"

孙权听了哈哈大笑，非常赏识邓芝的直言无隐。他也知道，吴蜀联盟实质是相互利用的一种政治手段，只不过其他人没有像邓芝这样直接点破罢了。不久，孙权请邓芝给诸葛亮带回一封信，信中着实把邓芝的外交才干夸奖了一番，说是"和合二国，唯有邓芝"。从此，孙权与曹魏断绝了往来，长江之上，吴蜀使节你来我往，络绎不绝于途。一对由亲家变成的冤家，终于又由冤家变成了盟友。

吴蜀结盟之后，孙权遵守条约，停止支持益州南部的反叛势力，为诸葛丞相"五月渡泸，深入不毛"，顺利平定益州南方的军事行动创造了有利条件。不久，诸葛亮平定南方，随即"奖率三军，北定中原"。这时，曹魏不得不抽调主要兵力来对付蜀汉的连年北伐。孙权所承受的外部压力，自然就大为减轻了。吴蜀联盟的好处，这时终于在孙权面前充分显现出来。

处境日渐顺利的孙权，开始对自己头上的那顶王冠生出了不满之心。按照中国古代的礼制，帝王冠冕礼帽的前后，都缀有玉串，名之曰"旒"。皇帝的冠冕前后各有十二旒，王爵则只有九旒。孙权不愿再戴这顶九旒王冠，他要像曹丕、刘备那样，尝一尝戴上十二旒天子冠冕以见百官的滋味究竟如何。这正是：

西蜀联盟恢复后，王冠丢弃换皇冠。

要想知道孙权是如何将自己的九旒王冠，换成一顶崭新十二旒皇冠的，请看下文分解。

第十章

江东黄帝

展开中国漫长的历史画卷就会看到：在长江流域的南方，正儿八经打起皇帝旗号者，孙权乃是破天荒的第一人。孙权称帝，时在黄武八年（229年）夏四月，按照当时使用虚岁的惯例来计算，此年他已经四十八岁，年纪有点大了。

为何本章的题目中，使用的是"黄帝"一词，而不是常说的"皇帝"呢？这当中的玄机，且听——道来。

早在黄武二年（223年）四月间，孙吴击退曹魏三路进攻之后不久，群臣即纷纷上言，请求孙权弃王爵而就帝位，这种举措在当时有专门的说法，叫作"即尊号"或"正尊号"。其实，孙权何尝无此心呢？眼见曹丕当皇帝已经四个年头，刘备当皇帝也有三个年头，他们都威风得很，自己无论哪方面也不逊于这两人，然而却仍然戴着九旒王冠，他难道会长期服气吗？

不过，他左思右想，还是觉得缓一下再说。因为他已经得到密报，曹丕即将准备对自己发动一场更大的攻势，自己急需把人力和物力投入备战这一有关生死存亡的第一要务当中。再说了，在连天烽火之中，举行原本喜庆祥和的称帝告天仪式，也实在不太和谐。过去自己一直坚持"缓称王"的策略，结果却有人把王冠奉送上门来，硬要戴在自己头上。现在自己缓几天称帝，虽说不可能再会有奉送帝冠上门来的好事发生，至少也是无伤大雅的。主意打定之后，孙权便在朝堂上对群臣谦辞一番，最后冠冕堂皇地说道："汉室倾覆，未能匡救，现在我又有什么心思来争着当皇帝呢？"

群臣见孙权执意推辞，只好暂时作罢。此后几年间，很少有人再提此事，因为曹魏大军频频压境，形势一直吃紧得很。

黄武三年（224年）七月，曹丕第二次动员大军伐吴。这次曹丕以水军作主力，攻击方向集中在一处，即孙吴的东都建业（今江苏省南京市）一带。九月，曹军经淮河，入邗沟（淮河与长江之间的古代运河），在广陵（今江苏省扬州市西北）以南进入长江。戍守建业一线的吴军，连夜在南岸沿江数百里，用木材、苇席搭建起一片片疑城假楼，外加彩色的涂饰，使之在对岸看起来如同真的城池、高楼一般。时值秋雨绵绵，长江水位猛涨。曹军在北岸十里之外遥望，但见南岸沿线的城市繁密，战船云集，因而心生恐惧，不敢贸然渡江。乘坐在龙舟之上的曹丕，正欲催军南渡，不料江上突起暴风，龙舟几乎倾覆，诸将急扶曹丕下船上岸。惊魂未定的曹丕，面对长江之上的滔滔巨浪，无奈叹息道："魏虽有武骑千群，无所用之，未可图也！"于是传令退军。

在下游武昌等候战况的孙权，迟迟没有得到消息，不免心中着急，立即传令，叫赵达来见。这赵达乃河南尹（治所在今河南省洛阳市东）人氏，多年精研九宫一算之术，善于推算未来之事。孙权每有大事，总要叫赵达来推算一番。不多时，赵达来到。当下，他凝神静气，掐指推算，然后说道："回禀大王，曹丕已经退走了。不过，到了庚子年，我们吴国还有一个大难关！"

"到这个庚子年还有多久？"孙权问道。

"还有五十六年。"赵达回答。

孙权笑道："孤王今天就不操这么远的心了，此乃子孙该面对的事情呀！"

孙权与赵达两人的问答，发生在黄武三年，即公元 224 年。所以这赵达所说的"庚子年"，应当是指公元 280 年。这一年的干支，乃是庚子。也就是在这一年，西晋皇朝的大军，攻灭孙吴而统一天下，即唐代诗人刘禹锡所咏颂的"王濬楼船下益州，金陵王气黯然收"，这都是后话。不过，史书上记载赵达的回答，却是"五十八年"，此处的"八"字，应当是"六"字的讹误。史书在长期流传过程中出现文字讹误，这是常见的现象，因而导致一种专门的学问诞生，这就是古籍整理中的"校勘"。

你会问了，赵达果真能够准确预测未来五十六年之后的事吗？回答是当然绝无可能！这应当是后来人们对他的一种神化而已。但是，他对曹丕是否退兵，倒是大致能够做出正确预测的。首先，答案反正只有退兵与不退兵两种，即便是随意猜测，猜中的概率也有百分之五十，对不对？此前的曹军，又从未有打过长江的胜利战绩，再加上这样的参考因素，预测出退兵的结果就并非难事。

几天之后，曹丕退军的报告果然送到武昌，赵达的宝押对了！

第二年的八月，曹丕又出动大军十余万，沿着上次的路线南下进攻孙吴。十月，曹军经过淮水，进入邗沟。不料这一年的寒潮来得早，十月份的邗沟水面，就结起了厚厚的冻冰，几千艘战船前进不得，无法进入长江。曹丕舍舟登陆，率铁骑千人驰往长江北岸眺望一回，再次感叹道："唉，这确实是上天用来隔断南北的界限呀！"

北岸的曹丕在大发其文豪的深沉感慨，南岸的吴军却没有这么潇洒，他们高度紧张地注视着北岸动静，准备截击渡江之敌。一旬之后，得知曹军退走，孙权才又松了一口气，过了一段安宁的日子。

就在这样的紧张气氛中，孙权的九旒王冠又戴了四五年。

到了黄武七年（228年），吴王孙权开始时来运转了。这年春天，蜀汉丞相诸葛亮初出祁山，北伐中原，戎阵整齐，声势浩大，曹魏朝野震动。此时，曹丕已经死亡，其子魏明帝曹叡继位。曹叡闻讯，亲赴关中，督促诸军全力抵抗。从此，曹魏的用兵重点转到了西边的关中方向，在东南方向改取守势。孙权面临的压力大为减轻之后，立即积极策划一次大规模军事行动，作为自己登上皇帝宝座的垫脚石。

这一年的五月间，孙吴的鄱阳郡（治所在今江西省鄱阳县）太守王靖，因为出兵平叛不力，屡受朝廷的谴责，于是

暗中准备投奔江北的曹魏。这鄱阳郡北临长江，渡江后就是
孙吴庐江郡的郡治皖县（今安徽省潜山县）。越过皖县不远，
就能进入曹魏设置的扬州辖境。但是，王靖的计划不慎败露，
结果招致全家被诛杀。

　　孙权改派亲信将领周鲂，接任鄱阳郡太守。这周鲂字子
鱼，乃吴郡阳羡县（今江苏省宜兴市）人氏。阳羡周氏是当
地的著名家族，周鲂其人机智干练。那位在孙吴还没有灭亡
的时候，因为改过自新，杀猛虎、斩蛟龙，一下子因为"除
三害"而留名青史的青年勇士周处，就是周鲂的公子。周鲂
和周处的墓葬，20世纪已经在江苏省宜兴市发现，出土了一
批精美的青瓷器、金银器等珍贵文物。

　　周鲂前往鄱阳郡赴任之后，他接到孙权秘密下达的一项
指令，什么指令呢？原来，孙权从前任太守王靖投敌一事中
得到了启发，设计出一个诈降诱敌之计，用来收拾曹魏镇守
淮南战区的大将曹休。他要求周鲂在鄱阳郡的山区之中，物
色一批当地很有势力的著名首领，由这批首领暗中去向曹休
投降，引诱曹休上当后，领兵南下前来接应，即可创造狠狠
伏击对方的良机。周鲂接到指令后，认为这样的地方首领难
以担此重任，而且事情也容易泄漏，于是自告奋勇，请求由
自己亲自去诱骗曹休，很快得到孙权的批准。孙权马上为周

鲂的演出进行铺垫，他从孙吴的首都建业，频频派出检察官员来到鄱阳，对郡中的军政公务进行考核，有意发出很多指责，并且把周鲂受到指责的事情故意张扬了出去。

接下来，周鲂开始登场。不断遭受指责的他，显得心慌意乱，手足无措，只好亲自前往设在建业的扬州州政府，脱去官帽，剃光头发，到州政府中专门负责监察下级郡政府的纪检官员办公室，当时叫作"部郡从事史"，谢罪请求处分。建业城中的百姓难得一见郡太守如此狼狈的样子，纷纷聚集在州政府门前看热闹，看了热闹又到处传播。于是乎孙吴这条轰动一时的大新闻，很快就被对面的曹休获知了。

又过了一阵子，周鲂的下一步演出开始了。曹休连续接到周鲂派遣心腹送来的多封密信，说是自己无缘无故受吴王指责，处境极其困难，决心仿效前任太守王靖，率领部众投魏，希望曹休亲率大军南下，前来皖县（今安徽省潜山县）接应，并且趁机渡过长江攻城略地，图取江东。这一封封投诚的密信，被陈寿记录在《三国志·周鲂传》中，写得情辞恳切，信誓旦旦，看了不由得不相信其真情实意。于是，这年八月，曹魏的淮南战区总司令官，即大司马兼扬州牧曹休，动员本战区的步骑十万，经合肥（今安徽省合肥市）直扑皖县，准备狠狠给孙权一点厉害瞧瞧。

　　这边的孙权早有周密的布置。曹休的大军还未到达皖县，而孙吴的大都督陆逊，早已率领精兵六万在这里恭候他了。在距皖县还有二百里时，曹休得到间谍密报，说是陆逊率六万人马在皖县阻挡前进，才知道自己是受骗上当了。不过，曹休是一个刚愎自用之人，他仗恃自己一方人多势众，决定将错就错，径直前进，誓与吴军在皖县对战，决一雌雄。

　　两军在皖县东北一处名叫石亭（在今安徽省潜山县东北）的地方相遇。陆逊将大军分为三路，自率中军抗击敌军，左右两军各一万人袭击曹休的侧背。结果，一战破敌，曹军死伤万余，军用运输车辆损失数千台之多，物资器械几乎全部落入吴军之手。狼狈逃回的曹休，愧恨交加，造成背上的大疽疮因此破溃，不久就死去。这一场"石亭之战"，是孙吴在淮南用兵多年所取得的最辉煌胜利，对曹魏的震撼几乎可以与诸葛亮初出祁山时的情况相比拟。至此，孙权登上皇帝宝座的垫脚石，总算是安放好了。关于陆逊石亭之战的高超指挥艺术，本系列的《陆逊：江东名将的风云录》有详细的描绘，读者诸君可以参看。

　　第二年春天日暖风和之时，公卿百官众口同声，在当时的都城武昌县，恭请吴王顺应民意"正尊号"。这一次，孙权虽然也假意推辞一番，但是态度并不坚决。群臣自然心领神会，早有一些绝顶聪明的"人精"，赶忙为孙权称帝造起舆论来。他们制造舆论的招数，其实并无新意，不过是袭用古人的成法——称说一番符瑞而已。

所谓"称说符瑞"，就是搜罗一些被当时人们认为是预示皇帝将要出现的祥瑞征兆，用来证明这一切出自天意，不可违背而已。汉高祖刘邦以布衣平民提三尺剑攻取天下，自感出身卑微，难以慑服臣民，便编造了不少证明自己是天生异人的证据。诸如他的母亲曾在大泽之中与龙交配，从而生下刘邦；他的左边屁股上，生下来就有七十二颗黑痣；他又曾在夜间斩杀大蛇一条，而这条蛇乃是白帝之子；他的居止之处，常有云气笼罩，如此等等。这样一来，无论出自诸侯世家的秦始皇也好，眼里长了两个瞳孔的西楚霸王项羽也好，和刘邦相比都逊色多了。自从刘邦发明了这套把戏，后世的开国君主便依样画葫芦，常常套用。东汉开国皇帝刘秀，对此不但有所继承，而且有所创新。他把一种假托神造的预言式诗句，也用了进来，这种诗句当时有一个专用词汇，叫作"符谶"（谶字的读音同"衬"）。例如刘秀称帝的符谶是"刘秀发兵捕不道，卯金修德为天子"，其中的"卯金"暗指繁体字的"劉"。魏文帝曹丕称帝的符谶是"鬼在山，禾女连，王天下"，其中的"鬼、禾、女"合起来即是"魏"字。以上两种玩意，一为祥瑞，一为符谶，合起来就叫作"符瑞"。孙吴的臣僚要把孙权扶上皇帝宝座，这两种忽悠民众的玩意儿，还一种都不能少。

春去夏来，转眼又到了四月。武昌和夏口（分别在今湖北省鄂州市、武汉市）两座长江之滨的城市，纷纷传言有黄龙出没于长江之中，有凤凰飞翔于旷野之上。这龙和凤，那都是预兆天子降临的非凡祥瑞，如今在两地双双出现，哪怕是村夫野老，也知道吴王应该当皇帝了。当下便有地方官员慎而重之地报告了上去，于是，"祥瑞"这一种玩意儿就算有了。

接着，孙权此前行政中心所在的吴县（治所在今江苏省苏州市），也有官员报告，说是自从东汉献帝兴平元年（194年）以来，吴县民间小儿普遍传唱着这样一首童谣："黄金车，班兰耳，开阊门，出天子。"其中的"黄金车"者，是以黄金为装饰的皇帝专车也；"班兰耳"者，皇帝专车两侧的装饰，色彩斑斓、光亮耀眼也；"开阊门，出天子"者，打开吴县城池西面的城门即阊门，向西迁都到了武昌县，孙权就会在这里成为天子也。可见童谣虽然很短，却把预示孙权要当皇帝的关键点，全都滴水不漏地点到了，于是乎，"符谶"这一种玩意儿也算有了。

一切齐备，好戏开场。不过，这戏还得一幕一幕仿照前人的现成剧本来演。

首先，是朝廷群臣要再一次劝说主上速登帝位的宝座，这又叫作"劝进"。之所以要如此，意在表明并非主上自己想当皇帝，而是迫于臣僚的逼迫，不得不勉为其难的。如果主上推辞，群臣须当再劝，直到主上本人也感到乏味而不再"谦让"为止。曹丕登上帝位前，对于汉献帝和群臣的敦劝，竟然"谦让"达十九次之多，可谓是创造了"前无古人，后无来者"的记录了。不过，孙权倒是一个爽快之人，一步到位，免得太累，群臣劝进一次之后，他立即表示俯允。至此，舞台上的序幕缓缓拉开。

然后，是建立坛场，即举行称帝大典的高坛和广场。开国皇帝的父亲当然不是皇帝，君权既然不是父亲所授，那就只好变一种玩法，说成是天神所授了。否则，就显得君权的来路不明，令人生疑。因此，开国皇帝登位之前，照例要建立坛场，在此举行禀告天神的祭祀仪式。天子天子，乃是上天的儿子。怎样才能变成上天的儿子呢？只有禀告天神之后才行呀！一旦禀告了天神，就得到了天神的允准，便能够以天子的身份，运用皇帝的权力，"遵照天意"来统治臣民了。故而后世皇帝发布诏令，开头总要套用一句"奉天承运"的说辞。其实呢，是不是真的得到了天神的允准，谁也不敢核查，谁也核查不出结果，只好任他去了。

坛场通常是建在城南，现今北京城南的天坛就是如此。在宽平的场地正中，垒土作坛，坛形正方，阶梯八级。坛中央设天、地的神位；天地神位的外围，设置青、赤、黄、白、黑五帝之位；再外是日、月、北斗和上千诸神之位。上天下地的神灵全部请齐，令人一看不禁肃然起敬。孙吴数千兵丁挥汗如雨，在武昌城的南郊，迅速筑好一座标准的坛场，只等吴王登台表演。

再下来的程序，则是选定告天的吉日。经过赵达等精于天文历算官员的无数次推算，认定四月的十三日丙申这一天，乃是黄道吉日。孙权点头允准后，告天的日期就确定下来。有关的官署连忙筹备一切，自不必说。

接着，便是议定年号。孙权既已称帝，则称王时的年号自应废止。新的年号，干脆就取长江上出现黄龙祥瑞的"黄龙"二字。这样一来，不仅与称王时的年号"黄武"形成了连贯性，黄上又加黄，突出了表示土德的"黄"字，而且新加进来的"龙"字更是对皇帝至尊的点睛之笔，孙权对此颇为满意，可谓"龙"颜大悦了。

至此，就该是"燎祭告天"这最精彩的一幕上演了。十三日丙申这一日清晨，孙权率领文武百官，齐集南郊坛场，数千精兵在四周护卫，气象肃穆庄严。仪式开始，孙权登坛就皇帝位，接着，文武百官鱼贯登坛，就陪同之位，均背南向北而立。然后，君臣的正前方，燃起一堆熊熊柴火。浓黑的烟气缓缓上升，达于天际，天上与人间终于沟通，双方的意愿和谐形成。这时，孙权开始以虔敬的语调宣读《告天文》，文曰：

> 皇帝臣权，敢用玄牡，昭告于皇皇后帝：汉享国二十有四世，历年四百三十有四，行气数终，禄祚运尽，普天弛绝，率土分崩。孽臣曹丕遂夺神器，丕子叡继世作慝，淫名乱制。
>
> 权生于东南，遭值期运，承乾秉戎，志在平世，奉辞行罚，举足为民。群臣将相，州郡百城，执事之人，咸以为天意已去于汉，汉氏已绝祀于天，皇帝位虚，郊祀无主。休征嘉瑞，前后杂沓，历数在躬，不得不受。权畏天命，不敢不从，谨择元日，登坛燎祭，即皇帝位。惟尔有神飨之，左右有吴，永终天禄。

大意是说，皇帝孙权我禀告皇天后土的神灵，东汉皇朝气数已尽，奸贼曹丕、曹叡父子篡夺帝位，我奉天承运，讨伐奸贼，现今皇帝位置空虚，我被臣民拥戴，承受天命即位称帝，请求神灵永远护佑我的大吴皇朝。

读毕，孙权捧文上前，将其投入柴火中。顷刻间，写有文字的绢帛化作一缕青烟，腾空而去，直达天穹。孙权和群臣，无不激动万分，因为新皇帝的名义和权力，已经得到上天的批准和承认。于是，孙权脱去九旒王冠，戴上十二旒的帝冠，袍服亦随之换过。至此，燎祭告天的礼仪完成，孙权正式成为至高无上的江东"黄龙"皇帝，也就是本章题目简称的"江东黄帝"。

以上这一幕幕演出，全部是为皇帝孙权一人捧场。可是，皇帝不能只顾自己快乐，也得让大家沾光沾光、高兴高兴才说得过去。所以孙权登上帝位之后，立即模仿前人，把好处广为散发。

首先自然是要照顾自己的宗族。孙权的父亲孙坚，被追尊为"武烈皇帝"；其母吴氏，为"武烈皇后"；其兄孙策，为"长沙桓王"。孙权的长子孙登，被立为皇太子。其余孙氏宗亲，或封侯，或拜将，皆大欢喜。

其次是要照顾忠心耿耿的臣僚。内外文武百官，一一论功行赏，无不感激涕零。

再次是要照顾征战沙场的战士。凡在边境戍守作战的兵卒，一律每人赐勋五转，另加牛酒犒赏。饱受征戍之苦的战士，难逢这样的好事，自然是要高呼"吾皇万岁"！

最后终于想到了小老百姓。一是在孙吴全境免除当年百姓应当交纳的一切租税；二是对鳏寡孤独等弱势群体，施舍粮食布帛；三是大赦天下犯死罪以下的罪人，出狱回家团聚。承受赋敛重压的黎民黔首，好不容易得到了一个喘息的机会，也额手称庆不已。

广施恩典已毕，孙权在新落成的武昌宫太极殿大开酒宴，款待群臣。珍馐美味，玉液琼浆，真是吃不完、喝不尽。席间，孙权乘着酒兴，命令精于历数的赵达，即席推算自己当皇帝的时间长短如何。只见赵达聚精会神演算一番后，上前跪奏道："汉高祖在帝位十二年，陛下倍之。"

孙权一听自己称帝的时间要比刘邦长一倍，心想自己今年四十七岁，再加二十四年，不是要当到七十岁出头了吗？多福又多寿，不禁大乐。群臣亦不失时机地举觞欢呼"万岁"，声音在宽敞的殿堂回荡不绝。已有七八分酒意的孙权，听着这美妙无比的欢呼声，确确实实踌躇满志，得意非凡！

这时，老臣张昭吃力地站起来，举起酒爵说道："陛下德合天地，体兼文武，今日称尊，实乃应天顺民之举。老臣谨祝陛下早日全据神州，统一天下！"

群臣亦随之站起来举爵祝酒，孙权将自己爵中的美酒一饮而尽，随随便便地说道："不过，赤壁破操之前，张公却没有这么说啊。那时若依张公之计投降曹贼，现今恐怕只有讨饭吃的份儿了！"

张昭在大庭广众之中，被孙权揭了当年劝降曹操的短处，真是无地自容。他连忙伏地请罪，全身大汗淋漓。德高望重的张昭受辱，刚才还言笑甚欢的臣僚们，顿时感到不大自在起来。孙权称帝之后的首次欢宴，最后就在这种尴尬沉闷的气氛中结束了。

次日，张昭上了一道奏疏，自称年老多病，请求免职退休。孙权心里虽然对张昭这种含有赌气意味的举动颇为不满，但是，称帝伊始，不便痛责大臣。于是，下诏赏赐张昭的官职为辅吴将军，改封娄县侯，加官晋爵以示优容。张昭见孙权给了自己台阶下台，也就知趣而止，不再闹退休了。

孙权把张昭的事处置妥当，接着便派遣专使到盟国蜀汉，通报对方自己称帝之事。蜀汉的群臣一听，江东又出了一个皇帝，顿时议论纷纷。不少人认为，天无二日，地无二王，孙权既已假充皇帝，必须立即与之断绝盟好关系，否则名分不顺，将会贻笑天下。

然而孔明先生的看法却与众不同。他说："孙权起心当皇

帝由来已久了，我们之所以不和他理论是非，目的是想争取
掎角之援。现今如果与之绝交，必定反目成仇，我们只好移
兵东向，攻取江东之后再北伐中原。吴国贤才尚多，将相和
睦，短时间内我们还难以达到目的。蜀吴两国顿兵相持，让
北方的曹贼坐收利益，这绝对不是好事。所以当前还不能清
算孙权假充皇帝之罪过！"

诸葛丞相一锤定音。不久，蜀汉特派使节陈震，从成都
东下孙吴，庆贺孙权荣登帝位。六月，陈震一行抵达武昌，
献上蜀锦、名马等一大批礼物，以及祝贺的国书。孙权本来
一直担心蜀汉有可能不承认自己这个皇帝新头衔，如今盼来
的却是热情洋溢的庆贺，不禁心花怒放，乐不可支。

当月，在孙权的主动提议之下，吴、蜀两国订立了一个
预先瓜分曹魏辖境九个州的新盟约。盟约规定：将来共同攻
灭曹魏之后，豫、青、徐、幽四州之地，归吴所有；兖、冀、
并、凉四州之地，归蜀所有；另外，旧京洛阳所在的司州之
地，以函谷关为界，关东部分归吴，关西部分归蜀。为了达
到这一目的，两国要"勠力一心，同讨魏贼"，"好恶齐之，
无或携贰"。于是，吴蜀之间的友好关系，至此进入了一个前
所未有的新阶段。

此处要特别说明一句，当时的蜀国，一直是以"汉"为

国号，这在上述双方所订立的正式盟约中就可清清楚楚看出来，盟约全文完整记录在《三国志·吴主传》黄龙元年的大事之中。至于后世常说"蜀"或"蜀汉"，都不是真实的国号。

与西面的邻国结成空前可靠的同盟之后，孙权决定把都城从武昌迁回东边的建业。一来是因为曹魏的大军多次威胁下游，而下游的江东乃是孙吴的根本所在。二是武昌的城池狭小，周围地区土质浇薄，物产不丰，日常生活物资多从下游的江东地区，使用长途水运来供给，多有不便。三是武昌的地理形势，不如建业"虎踞龙蟠"那般气象开阔恢宏。以往西境不宁，所以孙权必须权且移都武昌震慑。如今西方安定，他当然要还都建业了。移都之前，孙权又深思熟虑，周密布置一番。

首先，他把二十一岁的太子孙登留在武昌，同时，又从江陵调来上大将军陆逊，辅佐太子，并且全权处理这里的一切事务。这样做的目的，是要让武昌一线的政治形势，不会因自己离开而有所波动。

其次，在军事防务方面，孙权下令从速完善沿江的警报系统，以提高应对曹魏突然袭击的速度和能力。遵照他的指令，孙吴戍守长江的军队，西起三峡东口的西陵（今湖北省宜昌市），东至长江入海口，在这绵延四千里左右的沿江一线，每隔三五十里选一座孤立的山头，建立烽火台。守台的军士见有对岸敌人进犯，立即点火举烽报警，传递信息的速度快速异常。不到两月，全部烽火台即已建成。孙权事先已经确定了进行实际测试的日期。到了这一天的日暮时分，位于峡口的西陵烽火台开始燃起测试烽火。转眼之间，以下一座座烽火台上的烽火便依次熊熊燃烧起来，把附近的江面照耀通明。此时此刻，如果在长江上空向下俯瞰，那景象一定是极为壮观。当夜三鼓响时，烽火即已传至四千里之外的长江入海口。所费时间，用现代的时间单位来衡量，竟然还不到十小时！不久，孙权得知全程试验成功的结果，大感欣慰，立刻传令嘉奖有关将士不提。

这年九月，孙吴皇帝孙权，率领文武百官，威风凛凛地回到东都建业。这正是：

安定西方回建业，沿江烽火似烟花。

要想知道孙权威风凛凛回返建业之后，又做出了什么样贻笑千古的大蠢事来，请看下文分解。

第十一章

取辱辽东

　　纵观中国古代的历史就会发现：一些具有雄才大略的开国君主，成功登基之后就会染上一种精神上的"病症"，即刚愎自用。这也不难理解，经过千辛万苦的创业奋斗，终于战胜了一个个强劲的对手，取得了至高无上的强势地位，自然而然会有骄傲和松弛的情绪萌生。骄傲就难以做到反躬自省，松弛也难以做到严以律己，这时候对于逆耳的忠言，怎么还听得进呢？再说了，开创帝王之业，一般是要经过漫长的过程，因此，开国君主登上九五之尊时，年龄已经老大了。人上了年纪，性格多半要偏于固执。这样一来，从善如流更加难以办到。还有很关键的一点，就是艰难创业之时，帝王名分未正，上下关系较为随便，创业君主不会在维护自己的尊严上过分挑剔，所以容易听取反面的意见。一旦建号称帝，至尊的威严体面，就显得极端的重要。在这种情况下，即便君主的心中也很明白，臣下的忠言是有道理的，他也很可能会坚持自己的错误看法，从而维护自尊。总而言之，具有雄才大略的开国君主，登基之后变得刚愎自用者不少，只不过是程度的轻重有所不同而已。

不幸的是，吴国皇帝孙权亦未能免俗。

骄傲的情绪在他刚刚登上帝位时就已经有所流露了，当众羞辱老臣张昭即是明证。虽然此事系孙权酒后所为，但是，酒醉时所表现出来的，正是一种真实的心态，俗话不是说"酒后吐真言"么！

还都建业之后，孙权进入五十不惑之年。刚愎自用的毛病在他身上逐渐加重，最后竟然做出一件贻笑千古的大蠢事，导致他遭受了辽东割据者公孙渊的大侮辱，这就是本章题目所言的"取辱辽东"。

现今的辽东半岛一带，西起辽河，北至辽宁省的辽阳市、本溪市，东抵鸭绿江东岸之地，南达旅顺口，这片地区在汉魏之际属于幽州的辽东郡（治所在今辽宁省辽阳市）管辖。自东汉献帝初年起，辽东郡即长期由当地大族公孙氏所控制。由于辽东远离中原，逐鹿群雄鞭长莫及，公孙氏乘机招兵买马，扩张地盘，掠地自雄。到了孙权称帝之时，辽东的掌权者乃是公孙渊。那公孙渊拥兵十万，表面上是曹魏的臣属，实际上完全不服从曹魏的调度节制，俨然是分庭抗礼的独立者。

辽东与江东远隔沧海，波涛千里，孙权何以会受到公孙渊的大侮辱呢？此事还需从头说起。

原来，孙权还都建业之后，即想与诸葛亮东西呼应，进取中原。但是，他觉得有两个不足，严重限制了自己军队作战能力的增强和提高。首先是兵员不足，其次是战马不足。兵员不足还可以去围取深山当中的山越居民，而战马不足就不大好办了。南方炎热潮湿，产马不多，良马尤少，这是先天性的缺陷，难以弥补。孙权虽然一言九鼎，却没法使南方的水牛产下马驹呀。想来想去，只有到盛产良马的北方去交换这一途径可走。可是，北方九州之地，均为敌国曹魏所有，曹魏哪里会把宝贵的战马，交换给现今已然成为敌人的孙吴呢？后来，孙权突然想到，辽东郡太守公孙渊，和曹魏形同敌国，或许能和自己达成马匹的交易，于是，立即吩咐有关部门，迅速做好一切准备，等待出发命令。

当时，孙吴的船队，已经具有远海航行的能力。向南，孙吴的使臣曾经出访南海的扶南（今柬埔寨）、林邑（今越南南部）等上百个国家，开启了走向南洋的早期步伐；向东，孙吴的万人船队，曾经到达了夷洲（今台湾），以及比夷洲更远的海域。因此，向北跨海两千里驶向辽东，已经不是什么难事。其实，早在孙权还都建业之先，他已经派遣过两批使者到辽东接触，只不过人数不多而已。当时，江东至辽东的航线，一般是由建业东下长江，出长江口后沿着海岸线向北，过了现今山东半岛的东端，便取西北方向直驶沓渚（在今辽宁省大连市旅顺口区）停泊，全程在两千里以上。

孙权嘉禾元年（232年）三月，孙权命令将军周贺、校尉裴潜，率领精兵五千，乘坐大型海船上百艘，带上大批南方的土、特产和金银财物，前往辽东交换骏马。命令下达后，朝廷中即有一些大臣对此不以为然。但是，看到孙权那种锐意付诸实行的举止，他们都不愿去拂逆龙鳞。就在举朝大臣默不作声之际，却有一个人上表直言劝阻，他就是上文中说过的，在酒宴上差一点死在孙权剑下的虞翻。

自从在武昌钓台宴会上得罪孙权之后，虞翻在孙权心中就上了黑名单，成为不受欢迎的人。然而虞翻却毫未察觉，竟然又有几次和孙权过不去。比如，有一天孙权和张昭讨论到神仙的事，两人都对仙家的长生之术艳羡不已。在旁陪坐的虞翻哈哈一笑，指着张昭讥嘲道："你明明是一个要死之人，还说什么神仙，世间上哪里会有神仙啊！"

孙权一怒之下，便把虞翻革职流放到交州南海郡的番禺县（今广东省广州市，番字读音同"潘"）。一晃十年过去，虞翻耿直的性格仍未彻底改变。他风闻孙权要兴师动众到辽东去交换马匹，竟然不顾自己是废黜之身，上表力陈不可。孙权得知情况，马上下令把这个爱唱反调的角色，放逐到当时更加荒僻的苍梧郡猛陵县（今广西壮族自治区藤县东北）去了。

这年五月，周贺一行终于经过千里波涛，艰难到达辽东的沓渚港口。这时，辽东太守公孙渊与曹魏的关系日趋紧张，精明狡猾的公孙渊，急欲找到一个能给自己伸腰壮胆的靠山，所以热情接待周贺的船队，并且为对方的马匹贸易提供了种种方便。九月，孙吴船队满载塞外骏马千匹，以及貂皮、药材等辽东名产，启程回国。领队将军周贺与裴潜，看到此行的使命即将圆满完成，心中暗自高兴。在海涛之上漂泊了半年之久的士兵们，想到不久就可回转故乡，也都兴奋异常。数千将士之中，谁都不会想到，等待他们的竟然是一场巨大灾祸。

　　原来，公孙渊与曹魏闹独立，魏明帝曹叡便下令殄夷将军田豫，率领青州的水军，从现今的山东半岛越海攻击辽东。不料这年九十月间，海面风急浪高，渡海相当困难，曹军只得暂时放弃渡海计划。田豫其人，足智多谋，他料定回国的孙吴船队，必定要靠岸停泊以避暴风，而停泊地点很可能在今山东半岛最东端的成山（今山东省荣成市东北）。于是，他在成山一带的沿岸埋伏兵马，准备来一个守株待兔。起初，田豫的部下认为，在这空旷的海滨沿线等待敌人自投罗网，未免有点异想天开了吧，然而田豫却毫不动摇。

　　果不其然，十月初的一天，在滔滔大浪之上，一支船队径直向成山驶来。已经在海面上与风浪搏斗了十来天的孙吴兵士，个个精疲力竭，巴不得早些停船上岸歇息。领队将军周贺的船首先靠岸，他站在岸边的高地上，指挥陆续登陆的兵士立营安顿。孙吴的水军还未完全上岸，忽然间，战鼓响起，早已等候多时的曹军如潮水一般从远处杀来。周贺慌忙列阵迎敌，可是，吴军毫无准备，平坦的海滩又没有险阻可资凭借，哪里经得住曹魏铁甲骑兵的强劲冲击！不到一个时辰，已经登岸的三四千吴军就全部被歼灭。殿后的副领队校尉裴潜，尚未来得及登岸，他见大事不好，急忙指挥残余的十余艘战船逃离成山。

当年的年底，裴潜一行数百人，历尽千辛万苦后回到江东。孙权见此番辽东求马的行动弄得人财两空，多少也觉得有些汗颜。因想起当初只有虞翻一人敢于说真话，劝阻自己，自己却加罪于他，未免过分了，便暗中派人到交州去接虞翻回返建业。不久，使者回报说，虞翻新近已在苍梧病逝了，孙权一听，不禁愕然无语。

虽然孙权感到愧对虞翻，但是，如果以为刚愎自用的毛病就此从他身上完全去除，那就大错特错了，因为三个月之后，他又做出了一件更大的蠢事来。

公孙渊当初送周贺归国之际，为了进一步拉拢孙权，使其能够替自己分担外部的压力，曾经派出特使宿舒、孙综二人，随周贺的船队前往孙吴。宿舒和孙综二人的任务有二：其一是向孙权呈送公孙渊俯首称臣的表章，其二是观察孙吴国力的强弱。成山遇险时，宿、孙二人随裴潜在后，距离较远，所以侥幸逃脱。当年年底，两位使臣来到建业，觐见孙权，献上表章。孙权展开一看，竟然是公孙渊举辽东之地归顺自己的降表，心想求马不成，却求到了辽东大片土地和数十万人众，不禁大喜过望，顿时把成山之败引起的烦恼忘得干干净净。这就像俗语所言，"有意栽花花不发，无心插柳柳成荫"了。于是孙权吩咐设宴款待来使，席间，他仔细询问了辽东的各方面情况，宿舒和孙综自然挑他爱听的说。直至深夜，宾主才尽欢而散。

此后一连数日，孙权都在反复研读公孙渊的投诚表章，以致于其中一些充满感情的表忠词句，诸如"奉被敕诫，圣旨弥密，重纭累素，幽明备著"，"臣昼则讴吟，宵则发梦，终身诵之，志不知足"，"伏惟陛下，德不再出，时不世遇，是以偻偻，怀慕自纳，望远视险，有如近易"等，都能随口背诵出来。是的，这些文句听起来真是令人陶醉，不过，孙权反复研读的目的尚不止于此，他是在考虑如何利用此事捞取政治上的更大好处。

转眼之间，旧岁逝去，新年来临。在浓厚的喜庆气氛之中，吴国皇帝孙权，向全境颁布了一道大赦诏令。在中国古代，每逢皇帝有什么大喜事，往往要"与民同乐"，而同乐的一种形式，就是大赦天下。那么孙权此番大赦有什么由头呢，只要把他的诏令略加介绍就会明白了。

"朕以不德，肇受元命，夙夜兢兢，不遑假寝。思平世难，救济黎庶，上答神祇，下慰民望。"——这是诏令的起头，一下笔先远远荡开去。说自己登基以后，日日夜夜兢兢业业，忙得没有时间打盹儿，一心想要当模范皇帝，救济百姓，以报答神明，满足民众的愿望。

"是以眷眷，勤求俊杰，将与勠力，共求海内。苟在同心，与之偕老。"——要当模范皇帝，就要努力物色英俊才杰，然后同心协力，安定海内。如果是忠心无贰的效力者，就将与之同行到老。文意在此轻轻一转。

"今使持节督幽州、领青州牧、辽东太守、燕王，久胁贼虏，隔在一方，虽乃心于国，其路靡缘。"——我寻求到的忠心效力者，就是燕王公孙渊，现今他正担任幽州的军事长官，兼任青州行政长官和辽东郡太守，他虽然早就仰慕本朝，可惜被曹贼隔绝，未能如愿。至此显示出意图，引出公孙渊。

这里需要说明的是，文中所列出的公孙渊职衔，除了"辽东太守"外，其余全都是孙权刚刚授予给他的。"使持节督幽州"，即持有皇朝显示威权的节杖，有权指挥幽州全境的军事行动。"领青州牧"，即兼任青州的州牧。"燕王"，是孙权封给公孙渊的爵位。辽东在古代是燕国的辖地，孙权既已称帝，当然有权封王，所以赏公孙渊一个燕王的爵位，这对公孙渊而言亦属始料不及。过去是别人硬要送王冠与孙权，现在却是孙权硬想送王冠与他人了。

"今因天命，远遣二使，款诚显露，章表殷勤，朕之得此，何喜如之！"——文意又一转，终于说出下诏大赦的原因。这个原因就是，公孙渊前来归顺我大吴皇朝，朕的心中，真是高兴得很啊！

"虽汤遇伊尹，周获吕望，世祖未定而得河右，方之今日，岂复是过？普天一统，于是定矣！"——这一段援引前人做比较，把公孙渊来归一事的重要性，再加以提升和渲染一番。孙权把自己比作商汤王、周武王和东汉光武帝，倒还可以理解，然而把公孙渊比作辅佐商朝的伊尹，辅佐周朝的吕望，还有将河西走廊之地归顺东汉的窦融，未免就把公孙渊捧得太高了。看来孙权已经高兴得有些昏头昏脑，才会说出这种比拟不伦的话来。

"《书》不云乎，'一人有庆，兆民赖之'。其大赦天下，与之更始。其明下州郡，咸使闻知。特下燕国，奉宣诏恩，令普天率土备闻斯庆。"——诏令的结尾，引用了《尚书》中的话作为理论根据，说明此次颁布大赦的目的，是要让普天之下的老百姓，都从公孙渊来归一事中分享快乐。

自从孙权继位统事以来，重要文书的撰写，皆由朝廷的文章高手胡综执笔，这通诏令自然也不例外。这胡综字伟则，乃豫州汝南郡固始县（今安徽省临泉县）人氏。东汉末年避乱南渡江东。因庶务干练，尤其擅长各类重要公务文书的撰写，朝廷公告、皇帝诏命、外交国书，样样都很出色，时任侍中，在孙权身边随侍左右。不过，任他胡综妙笔生花，这篇文章读起来总令人有表演过分的感觉。如果只是虚送公孙渊一个燕王的封爵，并且在诏令文字中热热闹闹地渲染一番，倒也无关紧要，至多不过有人私下议论议论而已。不料，欢喜过了头的孙权，竟然认起真来，要派一支由若干高级官员带领的万人船队，浩浩荡荡，轰轰烈烈，到辽东去给公孙渊举行授爵加冕的典礼。消息传出，孙吴朝廷之中顿时哗然，文武大臣无不认为，这实在是太过分了。

在满朝文武一片劝阻之声中，老臣张昭的态度最为坚决。他不仅在朝堂上进谏，而且进入皇宫去面见孙权，他痛切陈辞道："公孙渊与曹魏离心，畏惧对方进攻，只好远来求援，并不是真心要想归顺我国。现今我们慎而重之派遣使团前往辽东，万一公孙渊改了主意，要把我们的使团作为讨好的礼物奉献给曹魏，那我们就会受到天下人的耻笑了！"

张昭的这番话当然是对的。其实，公孙渊玩的这一套把戏，当年孙权也对曹丕表演过，所以他对此并不陌生。刘备兴兵东下复仇之际，孙权为了稳住曹丕，曾遣使上表称臣，贡献大批礼物。孙权在表章中所吐露的忠诚之情，其感人程度并不比公孙渊的表章逊色。然而孙权当时内心的真实打算是什么，他自己难道还不清楚吗？可见搞纵横捭阖这一套，孙权比公孙渊的资格老多了。如今公孙渊班门弄斧，照理说是瞒不过老江湖孙权的。假如出于广树外援的目的，必欲对公孙渊拉拢收买，派出百把人的小规模使团去授予爵位也就可以了。可是，绝对的权力再加上不断滋长的虚骄，不仅使孙权丧失了正常的判断力，而且使他的性格发生畸变，变得一听到不同意见就心生厌恶。张昭见孙权依然固执己见，自恃资深年老，当年孙权刚刚接替其兄孙策统领江东之时，又曾得到自己的大力扶助，才算站稳脚跟，所以与孙权反复争辩。孙权不禁勃然大怒，迅速解下腰间宝刀，呼的一声放在几案上，厉声说道："吴国人士入宫时对我下拜，出宫后见到你也要下拜，这都是我的吩咐，我对你的尊敬，也算是无以复加了罢。但是，你却多次在大庭广众之中和我过不去，我经常都在担心，会不会做出什么对你不利的举动来！"

张昭一听孙权不论事情的是非曲直，却斤斤计较自己的态度方式，而且大有清算旧账的意思，心中真有说不出的气愤和委曲。他看着孙权，好半天才张口说道："老臣每次明知陛下不会听我进言，然而却总是忍不住要进言者，不是为了其他，只是想到太后临终时曾经嘱托我全力辅助陛下而已啊！"

　　孙权见张昭满脸老泪横流，且又提起艰难创业的往事，忽然悲从中来。他把佩刀丢在地上，以示道歉，眼睛里也不住往下掉泪。于是，激烈争论化作无言的对泣。过了一会，孙权令人送张昭回府，张昭以为孙权已经回心转意，也就收泪告辞而去。孙吴其他大臣闻讯，都额手称庆，说张昭果然有回天之力云云。

　　谁知道孙权悲归悲，哭归哭，打定的主意却丝毫没有改变。俗语有云："君子一言，快马一鞭。"其实，"皇帝一言"，往往也如"快马一鞭"，绝难挽回。这不是指他们言而有信，而是指他们很难承认错误而收回成命。为了维护天子的尊严，有时明知是一个坑，也要坚持跳下去。朕就是要看见深坑跳下去，你们又其奈我何？在此时，事情是否合理的争论，已经完全异化成意气的宣泄。孙权此时，大体就是这样的心态。何况孙权心中还暗藏着一个想法：公孙渊果真不可靠的话，他对有一万精兵护送的使臣是不大敢下手的，人少了反而可以任他宰割了。总之，这一次孙权下定决心，毫不动摇。衮衮诸公竟然都没有把主上的脉搏摸准，这对孙吴政治而言，绝对不是什么好兆头，而是一种大悲哀了。

　　暮春三月，江南草长，杂花生树，群莺乱飞。吴国皇帝孙权正式发布诏令，派遣太常张弥、执金吾许晏、将军贺达和虞咨、中郎将万泰、校尉裴潜等六人为特使，率领水军精锐万人，海船二百艘，满载金宝货物，以及封拜王爵时必备的九种特殊赏赐品，浮海至辽东举行封拜燕王的大典。这一使团规格之高，规模之大，不仅在孙吴是空前绝后的，就是在整个三国时代也不多见。其中的太常，为朝廷九卿之一；执金吾，相当于首都地区卫戍司令官。单是所载的金宝货物，就足足用了两天的时间才装运上船。船队在石头城（在今江苏省南京市内）外长江边的码头上，舳舻相接绵延十里之遥。在旁边观看热闹的百姓，都说当年孙夫人远嫁荆州，也不及此番的排场浩大啊！

朝中文武见事已至此，只好缄口不言。张昭没有想到自己流了几多老泪，竟然毫无作用，更是气得发昏，于是称病不朝，以表不满。孙权一连几天不见张昭上朝，心想这老头子也太不知趣了，你要不来上朝，就永远不要来罢。当即派人到张昭府邸，在外面用泥土把大门封死。张昭听仆人说是陛下遣人封门，气上加气，随即命令仆役在门的内侧垒土，也把大门封死。这意思是说：你不愿再见到我，我也不愿再见到你！从此张府的人众，便只好从后院的小门进出了。

这边是孙权君臣在张府的大门内外斗气，那边万人船队趁着桃花水发早已扬帆出海。两个月后，船队抵达熟悉的港口沓渚。使团领队张弥、许晏，见辽东已有人在此热情迎接，大感放心。他们做梦也想不到，等待他们的并非公孙渊的笑脸，而是狰狞的死神。

原来，公孙渊去年派遣到孙吴称臣上表的两名特使宿舒、孙综，此次亦随同回国。到达沓渚后，他们说要先行报告公孙渊，以便安排一切，便径直离去。三天之后，他们到达辽东郡太守的治所襄平县（今辽宁省辽阳市），见到公孙渊，报告了孙吴派遣使团的来意和使团组成情况。同时，还报告了三个多月中，对孙吴国情的详细观察结果。他们认为，由于海途遥远，孙吴不可能对辽东提供及时而强大的支援；而且在孙吴高层内部，对于支持辽东大多不感兴趣，因此，目前这种关系究竟能维持多久，也都还是疑问。狡猾多变的公孙渊，见孙吴不是长期可以依靠的理想后台，马上就生出杀人之心，他要借用孙吴使臣的头颅，去向曹魏施展缓兵之计。主意打定，他立即调兵遣将，伺机使出杀手。

孙吴使团领队的张弥和许晏二人商议，决定由张弥、许晏、万泰、裴潜四人，先率五百精兵登岸，前往襄平举行封拜仪式，同时征购良马；贺达与虞咨二人，则领余众在原地守护船只，随时待命。贺达其人，机敏非常，认为登岸的五百兵力太少，不足以应对突然事变，建议至少派出全军的半数即五千人。张弥却认为，公孙渊本来诚意殷殷，派兵过多反而会引起他的疑心。贺达胳膊拧不过大腿，再说是你去打头阵，你都不怕，我又何必多事，只好作罢。

不数日，张弥等一行五百人，带着封拜诏书、王者冠服、符节玺绶及各种赏赐物品来到襄平，受到热烈欢迎。酒宴款待后，五百人分为数处安歇。当晚半夜过，数处驻地皆被重兵包围。经过短时夜战，使团的负责官员张弥、许晏、万泰、裴潜四人，全部被杀丧生，其余兵士或死或俘，无一逃脱。

接着，公孙渊麾下骁将韩起，率铁骑五千，径奔沓渚而去。两天后的傍晚，这支劲旅即已抵达目的地，并且在吴军停船处北面不远的一片丛林中埋伏起来。

次日上午，公孙渊的首席幕僚柳远，领着一批人出现在孙吴船队的停泊地，说是奉公孙渊之命，携带礼品前来慰劳留守将士，请贺达、虞咨二位将军下船相见。不一会，又有一些老百姓模样的人，驱赶着百余匹骏马在岸边，要求与吴军做交易。机警的贺达，见辽东的官儿，竟然与百姓几乎同时出现，心中就起了疑心。于是，他和虞咨留在船上，只派数百人上岸接收礼物和交换马匹。柳远误以为贺、虞二人已然随众下船，立即发出行动暗号。霎时间，辽东铁骑如海浪一般涌来。登岸的吴军见势不妙，纷纷转身投海向船队游去。

但是，仍然有三百余人来不及跳水逃命，被敌军马队如砍瓜切菜一般杀死。贺达在船上看得真切，急令各船做好战斗准备。辽东军队也不来攻，只在岸边高声叫骂一个多时辰后，即收军离去。

贺达从敌军的叫骂中得知，张弥等人已经丧生，又停船三天等待幸存者回还。然而三天之中，不见任何人的踪影，只好升帆启程，回转江东复命。

在襄平这边，公孙渊把张弥、许晏、万泰、裴潜四人的首级装入木匣之中，连同孙权送来的诏令、冠服、玺绶等物，一并派专使送往曹魏的都城洛阳。同时，还呈上一通长长的表忠报捷表章。在表章中，公孙渊对曹魏皇帝大表忠心不说，还不惜耗费笔墨，把吴国皇帝孙权狠狠挖苦一番。他说：

> 虚国竭禄，远命上卿，宠授极位，震动南土，备尽礼数。……四使见杀，枭示万里，士众流离，屠戮津渚，惭耻远布，痛辱弥天。……孙权之怨疾，将刻肌骨。若天衰其业，使至丧陨，权将愤激而死。

大意是说，孙权把国库掏空，远远派来高官，授予我最高的爵位，举国震动，礼数用尽。然而结果却是四个使者被杀，头颅示众，军队将士被诛杀在沓津的水边。他的惭愧耻辱流传四方，怨恨仇视刻在身上。如果上天有意让其衰败的话，将会令他愤激万分而死亡啊！

不到一个月，公孙渊的厚礼和表章送到洛阳。曹魏君臣对公孙渊的甜言蜜语并不相信，但是，对于孙吴的出乖露丑却大为开心，准备重赏公孙渊。孙吴设在洛阳的线人耳目，迅速将这一消息传回江东。

时值炎夏，东南风急，逆风南下的贺达船队，几乎花了三个月的时间才回到建业。早在一个月前，孙权即从洛阳送回的情报中，得知公孙渊翻脸下毒手的消息，他还以为是曹魏故意放出的谣言，不肯相信。而今贺达一行狼狈撤回，证实这一切确非虚妄，孙权才知道比自己小二十多岁的公孙渊，竟然让自己上了一个大当，不禁气得四肢发颤，七窍生烟，大骂道："我年近六十，世间的磨难，哪一样没有经受过？万万没有想到如今竟栽在一个黄毛孺子的手上，实在是气愤难平呀！我要不亲手砍下公孙渊的脑袋，还有什么脸面君临天下！哪怕因此丢了江山，也决不后悔！"

于是，孙权立即下达动员令，要亲率十万水军，浮海讨伐公孙渊。

孙吴群臣见孙权不惜一切代价兴兵雪耻，孤注一掷，慌忙上言劝阻。上大将军陆逊、选曹尚书陆瑁、尚书仆射薛综等人的上言，尤为理端辞切。其实，渡海亲征乃是孙权在气头上做出的决定。稍过几日有所冷静之后，他也觉得此举不妥。朝廷群公的一再苦谏，也给了他一个下台阶的机会。不久，孙权宣布俯允群臣之言，暂不征伐辽东，一场更大的危机，到此才算彻底消除。

数日后的一天上午，一列车队从皇宫驰出，直奔张昭的府邸。居中一辆华丽的大型专车上，坐着吴国皇帝孙权。到了张府大门，孙权命人除去封门的泥土，并且通报张府：皇帝驾到。张昭闻说皇帝大驾光临，知道是来表示歉意，便称病不见。孙权见张昭又要使气，遂令人放火烧张府大门，想把张昭吓出门来。谁知熊熊烈火冲天而起，张昭依然高卧不出。孙权反而害怕火大延烧内宅，急又命人灭火。张昭的儿子们，觉得老父亲太不给皇帝面子了，一齐动手硬把张昭扶出门来拜见孙权。孙权偕张昭一同回转皇宫，又自我责备一番，此后张昭才又上朝议事。

不过，孙吴与辽东之间的闹剧，还留着一条小小的尾巴。四年之后，也就是嘉禾六年（237年）七月，曹魏动员大军进攻辽东。公孙渊一面抵抗，一面又遣使到孙吴谢罪，重新称臣，并且请求发兵攻魏以救自己。公孙渊的使者来到建业，孙吴朝臣纷纷主张以牙还牙，尽杀来使以泄愤。然而经过历练之后，此次孙权却相当冷静，先假意答应公孙渊的要求，待使者回辽东后，孙权立即调集大军，准备乘公孙渊之危到辽东大捞一把。可惜军行半路，即已得到曹魏完全平定辽东的消息，孙吴军队只得怏怏退回。

公孙渊虽然死去，然而辽东之辱给孙权造成的精神创伤却难以平复。在其内心深处，总有一个声音在不断提醒他：你的威信扫地了，臣僚都在暗中耻笑你啊。这种过度的猜疑，必然影响彼此之间的信任。于是，孙吴君臣之间，从此产生越来越大的嫌隙，最后竟然酿成一场政治上的巨大风波。这正是：

取辱辽东成笑柄，君臣从此失同心。

要想知道孙权心中的畸形情结，会给孙吴政坛造成什么样的巨大风波，请看下文分解。

第十二章

君臣生隙

　　自从取辱辽东以后，孙权一直在考虑，究竟采取何种措施来监视臣僚的言行，以便维护和恢复自己受到损害的权威。

　　古代中国历史上，具有雄才大略的君主，特别是开国之君，又还特别注意强化自己手中的权柄，不使大权旁落。为了达到这一目的，句践要赐文种自尽，刘邦要诱捕韩信，结果使得"高鸟尽，良弓藏；狡兔死，走狗烹"的哀叹，成为世人熟知的名言。不过，藏弓和烹狗，大抵总是要等到鸟尽和兔死之后才会出现的。而此时的孙权，虽说已臻于九五之尊，然而只是同时称帝三方当中的一方，距离"席卷天下，包举宇内，囊括四海"的雄伟目标尚远乎哉，他却迫不及待地要收紧"走狗"颈上的套索，这就显得与众大为不同。由此可见，在辽东栽的这个大跟斗，对孙权精神上的打击和损害实在太大了。

这是嘉禾六年（237年）初春，建业皇宫的御花园中，又是梅花争艳竞芳的美景。孙权爱好华林芳草，花木扶疏的美景，总能给他莫大的愉悦，思考问题也往往会有意外的灵感。这一次，他在御花园中徘徊了多日，终于考虑好了一项加强自己权威的非常措施，并且迅速颁布实行。

这项非常措施，史书上有四个字的扼要说明，就是"中书校事"。所谓"中书"者，即皇宫之中的秘书也，属于皇帝身边协助处理军国机要事务的人员。至于"校事"，即检查监督军政事务之意。孙权从自己身边的侍从人员中，选择了两个忠心耿耿而且精明干练者，一个叫作吕壹，一个叫作秦博，出任中书之职务。他们的官位不高，实权却极大，大到有权检查朝廷之中任何一个军政机构的来往文书，有权监视并且举报任何一位大臣的言论和行动。一言以蔽之，他们是皇帝从宫中放出来的两条恶狗，"不法"臣僚固然要被他们咬得血肉模糊，守法臣僚见了他们也会胆战心惊。这吕、秦二人，论出身，家世非常寒微，论地位，不过是供驱使的贱役，论功绩，更无丝毫可以书于竹帛之事，全仗着皇上的青睐，竟然可以在将相大臣头上作威作福一番，他们当然感激涕零，立即遵照皇上的意图大干快干起来。

其实，三国时期设置校事官的发明权，并不属于孙权而属于曹操。曹操其人生性多疑，又崛起于乱世，所以在掌控汉室的朝政大权后，便创立校事之官，用以监视文武百官。充任校事者，多为出身微贱而一心邀功的小人。其所以如此，一是正派的贤人君子，耻为这种刺探一切的鹰犬，二是此类人物毫无深厚的社会基础，必要时又很容易进行撤换。后来的明代设立东厂、西厂，其实就是从这里学到的招数。不过，曹操崇尚法家，素来主张以权术驾驭臣下，他创立校事不足为奇。孙权以往数十年间，在举贤任能和知人善任上，可以说是不遗余力，唯恐做得不够尽善尽美。如今，孙仲谋竟然要去拾取曹孟德的牙慧，如同防备盗贼一般提防自己的臣下，这不仅令人感到惊讶，而且感到可悲了。

如果说，孙权的前半生，其非凡的作为堪称英明君主之举，连曹操都为之发出了"生子当如孙仲谋"的由衷慨叹，那么以设置"中书校事"为标志，孙权就开始进入了荒唐昏聩的后半生。因此之故，本书的副标题，才会把他定性为"半生明主"。

　　小人得志便猖狂。吕壹和秦博二人一旦开始校事，孙吴的将相百官马上领教到了他们的厉害。用陈寿《三国志》中的话来形容，是"举罪纠奸，纤介必闻，重以深案丑诬，毁短大臣，排陷无辜"。意思是说，这两人打着举报罪行、纠察奸恶的幌子，连非常细微的小事也不放过，实际上却是在罗织罪名进行诬告，诋毁大臣，陷害无辜。于是乎，孙吴朝廷上下，一片恐怖气氛弥漫，人人重足而立、侧目而视。在深宫之中冷眼注视着事态发展的孙权，一方面为两名校事的忠诚尽职而感到高兴，另一方面又觉得他们四处出击的做法，毫无侧重，反倒放过了关键的目标。他对二人略作暗示，吕壹和秦博心领神会，立即将视线集中在几个关键人物的身上。

　　不幸受到关注的第一位大臣，乃是丞相顾雍。这顾雍，字元叹，乃吴郡吴县（今江苏省苏州市）人氏。吴郡顾氏是江东土著的名门望族，自汉代以降，世代簪缨，衣冠不绝。直至一千余年之后的明清两朝，顾氏家族还有著名人物出现。例如明代东林党人首领顾宪成兄弟，出自顾氏的无锡支系；而清初喊出"天下兴亡，匹夫有责"这一振聋发聩口号的大学者顾炎武，则出自顾氏的昆山支系。现今江苏省昆山市的千灯镇，还有顾炎武的故居和墓园，肃穆清幽，笔者曾去瞻仰致敬，抒发思古之情。

　　顾雍其人，清心寡欲，举止安详，居官清廉，正派谨慎。从下面的故事即可约略想见他的气度涵养。一日，他在府邸款待僚属，酒宴之后大家选择娱乐项目。三国时期围棋流行，只不过那时的棋盘上，纵横都是十七道，与现今都是十九道略有不同。顾雍与一位下属纹枰对坐，他人在旁静观。就在劫杀方酣之时，一个老家人急急忙忙地走过来，递给顾雍一封快信。他一看信封，信件来自长子顾邵担任太守的豫章郡（治所在今江西省南昌市），然而又不是顾邵本人的笔迹，心中顿时有一种不祥之感。再抬头看那老家人，脸上带有悲戚之色，顾雍立即明白儿子很可能遇到了不幸。但是，他没有惊动宾客，继续落子对弈。为了抑制内心的悲痛，他的左手大拇指一直掐着掌心。直到宾客尽欢而散后，他才拆信阅读，果然是儿子突然病故的噩耗，而此时他的左掌已被掐破而鲜血淋漓。

　　由于顾雍举止稳重，资历丰富，所以受人敬仰。孙权在黄武四年（225 年）选择第二任丞相时，不用呼声甚高的张昭，而任命了顾雍。顾雍任职首相十二年来，办事谨慎，用人公正。他经常私访民间，以便制定正确的政务方针。凡有建议，必定先行悄悄报告孙权。如果孙权采用而且行之有效，则归功于皇上，绝不自我吹嘘；如果孙权置之不用，他也始终不向外张扬，发泄不满。对于顾雍的才德双美，孙权以往一直是敬重之至的。可是到而今，孙权忽然心生不满起来。吕壹揣摩到人主之意，无中生有地捏造了一些罪名安在顾雍头上，向孙权举报邀功。孙权得到报告，大为震怒，竟在朝堂之上，一次又一次严厉责备顾雍。高踞帝座的孙权，看着丞相惶恐而百僚战栗的情景，心中不禁升起一种欣快之感。顾雍无奈，只得请求在家等待发落。人们纷纷议论：此番顾公的职位将要保不住了。

吕壹着意督察监视的另一位大人物，则是英名远播的陆逊。当时的陆逊，是对孙吴军政两方面都有巨大影响的人物。他之所以遭到孙权爪牙的关注，深层次的玄机究竟在哪里呢？且听一一道来。

黄龙元年（229 年）孙权还都建业之后，从江陵调来陆逊辅佐太子孙登，镇守武昌上游。此时，陆逊的官职全衔是"上大将军、右都护、掌荆州及豫章三郡事、董督军国"。这是什么意思呢？须得逐一介绍。

首先列出的"上大将军"，是表明职务高低的军职名号。上大将军属于孙吴军职的最高一级，只授予极少数担任全军主帅的高级将领。

其次的"右都护"，是表明军事指挥权限所及范围的名号。孙吴将整个长江沿线的军事防御，分为上游和下游两大段。而右都护的指挥权限范围，是武昌所在的长江上游。至于首都建业所在的长江下游，不在其权限范围之内。

再次的"掌荆州及豫章三郡事"，是表明行政权限所及范围的名号。陆逊享有这一名号之后，孙吴上游的荆州全境以及下游扬州辖境中与荆州相邻的三个郡，即豫章郡和另外两个郡（应当是庐陵郡和庐江郡），所有的行政事务也全部归他管理。

最后的"董督军国"，是对陆逊权力的总结性提升，表明他可以对孙吴全军和全国的机要公务，享有管理和监督的权力。

简而言之，陆逊享有以上四种名号之后，孙吴境内自柴桑县（今江西省九江市西）以西，整个长江上游地区的军政事务，全部归他一人处理了。而这一大片地区的面积和人口，与孙权本人所在的下游江东地区相比，有过之而无不及。所以从实际的权力划分来看，说陆逊是与孙权中分孙吴而治，并不算是过分。孙权当时能够把如此巨大的权力给予陆逊，说明他们君臣之间高度信任，绝无芥蒂。四年之后的嘉禾元年（232年），孙权次子孙虑死亡，太子孙登从武昌回到建业看望父亲。十余天后，孙权令其回转武昌。孙登请求留在建业侍候起居，并且力陈"陆逊忠勤，无所顾忧"，当即得到孙权的允准。可见此时孙权对陆逊依然毫无猜疑。不仅如此，蜀吴两国重新结为联盟之后，孙权一直把自己的玺印留在陆逊身边。孙权每逢与诸葛亮去信，总要在中途送给陆逊看看，凡有不妥，要他随即改定，然后以孙权的玺印加封，送往蜀汉。当时君臣之间的这种信赖程度，在整个三国时代也不多见。

可是好景不长。自从嘉禾二年（233 年）受辱于公孙渊的事件发生之后，孙权对陆逊的信任，便如烈日下的雪人，渐渐开始融化消减了。究其原因，不过是因为陆逊曾经两次上奏劝阻孙权，而事后的结果证明，都是陆逊的看法正确，孙权的做法错误而已。

第一次是孙权要派遣上万人的水军船队，浮海求取夷洲，也就是前往现今的台湾本岛，去进行探险和掠取人口。陆逊上奏进行劝谏，说是"干戈未戢，民有饥寒"，不宜耗费大量的民力和财力，劳师动众、出海远征。孙权执意不听，结果正如陆逊所料，船队虽然成功到达了夷洲，但是获得人口并不多，确实得不偿失。

第二次就是孙权派遣万人船队前往辽东，为公孙渊举行授予王爵的礼仪大典了。陆逊也曾上奏苦苦劝谏，孙权一意孤行，结果得到的是贻笑天下的惨痛下场。

像陆逊这样声名远扬的重量级人物，就是默默不言，栽了跟斗的孙权也会觉得无颜相见，何况还一再上奏表示过反对意见呢！在孙权的潜意识中，总有一个念头在闪动：你陆逊事事都看得准确，我孙权却一误再误，今后这个皇帝还怎么当呢？我才不相信你万事都做得尽善尽美，我偏偏就要在你这块美玉上挑出一点点瑕疵来！在这种情况下，吕壹便威风凛凛来到武昌，把历年来陆逊亲手处理的公文，一件又一件翻出来从头查起。看着吕壹那一副骄横无理、故意挑剔的丑恶嘴脸，陆逊真是悲愤至极！不是想到此人是皇上亲自所遣，早就要拔刀结果了他的性命。

第三个重点监视对象，是太常卿潘濬。潘濬字承明，武陵郡汉寿县（今湖南省常德市东北）人氏，他是荆州本土很有社会影响力的著名人物。潘濬原先是荆州牧刘表的部下。刘备得到荆州，潘濬又成为刘备手下的要员。孙权袭杀关羽兼并上游，亲自到潘濬的府邸，礼聘他出任荆州的州政府要员。此后，又为次子孙虑娶潘濬之女为妻。潘濬受到如此厚爱，自然要为孙权效忠尽力。荆州局势的迅速稳定，潘濬在其间起了很大的作用。潘濬的姨兄，即是蜀汉的大将蒋琬。

一次，有人向孙权告发，说是潘濬暗中与蒋琬联络，准备从荆州逃奔蜀汉。孙权一笑，当即把告发者免职，还给潘濬送去告密信的原件，以示信任。孙权还都建业，即以潘濬出任陆逊的副手，两人同心协力，镇守武昌上游。然而对于这样一位长期受到信任的亲家兼重臣，孙权却突然不放心起来。吕壹来到武昌，潘濬亦一并受到审查。弄得潘濬和陆逊两人，一谈到彼此忠而见疑的遭遇，就忍不住激愤填膺，涕泪横流。

第四个重点监视对象，则是左将军朱据。朱据字子范，吴郡吴县（今江苏省苏州市）人氏。这吴郡朱氏也是江东的名门望族。朱据其人形貌出众，才兼文武，很得孙权的器重。孙权还都建业，为小女儿鲁育挑选乘龙快婿，选来选去觉得再没有比朱据更为称心者。朱据与鲁育成婚后，立即升任左将军，封云阳县侯，领重兵镇守湖熟（今江苏省南京市江宁区）。由于朱据也曾上疏劝阻过孙权，不要派遣万人船队去辽东，孙权气他不站在岳父大人这一边，从此对这个女婿失去好感。吕壹闻风而动，借事诬陷朱据贪污巨额公款。孙权三番五次痛责朱据，还下令让他停职，等待查办。朱据见老岳父如此无情无理，只有长吁短叹、自认倒霉。

天下之事，搞坏容易搞好难。经过多少年的不懈努力，艰难奋斗，孙吴的政局才算形成君臣契合、同心同德的兴旺发达局面。然而经过"中书校事"这一番大折腾，不过一两年间的光景，便把忠诚尽职的大臣们，变成了闭口噤声的寒蝉，朝堂之上，再也听不到谠言正论，只有众口一词的唯唯诺诺之声。孙权个人的尊严似乎保住了，然而孙吴兴旺发达的政治局面，却是从此一去不复返而开始走下坡路了。

群臣无言，有如万马齐喑。孙权虽有一种寂寥孤独之感，同时又觉得相当满足，因为耳边已经无人再来唠叨聒噪，从此可以清静安宁。可是没有过多久，他才知道是大谬不然。

首先是太子孙登，看不过吕壹的作威作福和陷害无辜，一而再，再而三地进言，请皇父不要再执行"中书校事"的政策。群臣见太子带头主持正义，立即纷纷响应。他们"以其人之道，还治其人之身"，四处搜集吕壹欺上瞒下、假传圣旨、贪赃枉法、陷害无辜的诸多罪证，向孙权上疏揭发。在陆逊的支持之下，潘濬亲身东下建业，准备对吕壹采取武力消灭的非常行动，以清君侧。

孙权赤乌元年（238年）初夏，潘濬率领亲信数十人抵达建业。安顿之后，他随即谒见孙权多次。每次除报告荆州军政要务处理情况外，还必定要揭发吕壹以权谋私的种种劣迹。由于事实确凿，性质恶劣，以至于孙权竟然无法为吕壹辩解和开脱。第一步工作做好之后，潘濬便开始在官邸筹办一次盛大宴会，普请京华要员。他的计划是，也请吕壹前来赴宴，酒酣之时故意与之挑起争执，然后拔剑结果其性命。

到了宴会举行的这一天，潘府门前车水马龙，府中冠盖云集，好不热闹。中书校事主官吕壹乘着高车驷马，神气十足地驰往潘府。当他到达潘府门前，正欲下车之际，忽然从车窗缝中掉入一个小纸团。狡黠异常的吕壹，急忙拾起展开一看，只见上面只字全无，仅画了一柄短刃。他脸色骤变，便向随来的骑马侍从吩咐几句，急忙掉头循原路逃走。那骑马的侍从向潘府的接待人员说是"吕大人突然旧疾突发，恕不叨扰"之后，也匆匆策马驰去。

究竟是何人向吕壹通风报信，使得他未能变成刀下之鬼呢？

原来，吕壹为了刺探大臣们的隐私，以便罗织罪名，就用重金在大臣们的家中收买耳目。潘府中的一名管事，就这样成为吕壹的坐探。刚才那张画有短刃的纸条，即是此人趁门外车马喧阗之机，悄悄塞进吕壹车内的。

潘濬得知吕壹临门而又溜走，恨得咬牙切齿，可是宴会还得照旧进行。这边吕壹侥幸逃离险地后，心里越想越害怕。今天算我福大命大，没有死成，可是这潘濬住在京城，往后说不定哪天又要撞着他，仍然是死路一条。想来想去，他决定不回家了，径自奔往皇宫去见大靠山孙权。

这几日的孙权心绪不宁，一直在考虑如何应付臣僚对"中书校事"制度的指责。使他大伤脑筋的有两点：其一是吕壹确确实实瞒着自己以权谋私，罪恶昭彰，无可掩饰。虽然孙权明知臣僚攻击吕壹，暗含着对自己举措之不满，然而却没有堂堂的理由加以驳斥。其二则是镇守武昌的潘濬，竟然径自东下建业，公开加入了反吕大合唱。显然，他不是一个人，他的背后还站着陆逊。陆逊不仅握有上游半壁江山的实际主宰权，而且和总领建业朝政的丞相顾雍还是两代亲家，关系密切非常。此事处理不慎，将会激起政坛上的巨大变故。孙权感到，这是他统事以来，内部政务中最为棘手的事情之一了。

听了吕壹的诉说，孙权暗自吃了一惊。潘濬若是真的敢对吕壹下杀手，那就说明这些执政大臣，已经横下一条心来要反抗一番。果真走到这一步，局面就难以收拾了。当初设立"中书校事"的本意，是要让臣下们闭上嘴，而今逼得他们竟想动起手来，这反倒不妙了。想动手当然是藐视君上的行为，不过，陆逊、潘濬目前握权太重，还不能把他们怎么样，这笔账留待以后再算。现今之计，只有自己主动先退一步，稳住局面再说。

主意打定，孙权冷冷地对吕壹说道："自作孽，不可活。你先回去罢！"

吕壹心里弄不明白，这"不可活"三字，是指潘濬呢还是指自己。他看皇上脸色阴沉，不敢再问，只得赶紧拜辞离去。孙权注视着他渐渐远去的背影，自言自语道："我只有效法曹孟德的故技，借你的头颅一用了！"

原来，曹操有一次出征，军粮匮乏，曹操悄悄召来负责军粮分配管理的官员，问他有何良策。这位官员说，可用小斗发粮，斗数不变而分量减少，就可以多支持几天。曹操拍手称善。过了一阵，军中传言曹操以小斗骗人，军心浮动。曹操又召来那位官员，说要借他一件东西，用以平息军士的不满。这件东西，就是那位官员的头颅。曹操还在人头上附上一张写有"行小斛，盗官谷"的字条，然后挂在军营门口示众。将士见后，都说这个官员使用小斗给大家发粮，暗中却把多出来的粮食据为己有，实在可恶至极，多亏曹公执法严明，才把他绳之以法，砍头示众。如今孙权也想用这个招数来平息大臣的不满，吕壹就在劫难逃了。

次日早朝，文武百官，齐集朝堂。孙权升座后，严肃宣布：中书校事主官吕壹等人，不能认真履职，公然收受贿赂，陷害无辜，罪行累累，朝野侧目，着即撤职查办，不得姑息！群臣闻言，都怀疑自己的耳朵是否听错了，竟然好一阵寂静无声。等到大家反应过来，朝堂里便是一片"至尊圣明"的赞颂声回荡不绝。

按照当时的制度，官员触犯刑律，是由廷尉负责审理。廷尉是朝廷九卿之一，职掌司法，犹如今日之最高法院院长一般。廷尉不仅有办事机构，而且有特别监狱收容犯人。孙权的旨意一宣布，廷尉闻风而动，立即率人把吕壹等一干人犯，抓进监狱等待审理。就在廷尉搜集齐全罪状，准备提审吕壹之际，皇帝孙权忽然下了一道谕旨：此案关系重大，着由丞相顾雍亲自负责审理，廷尉辅助之。

这道非常谕旨，不仅使跃跃欲试的廷尉感到沮丧，而且也使丞相顾雍感到很意外。因为丞相的本职，是总领朝政，并不具体负责司法；再说吕壹品位不高，罪证确凿，廷尉完全有资格，也能够审理定罪，何须丞相出面呢？经过一番冷静的思索，顾雍终于悟出了皇上此举的用心。

原来，吕壹下狱，朝廷群臣无不拍手称快。往日受吕壹残害最深的人，更是额手称庆，连呼苍天有眼。他们认定，吕壹此番必死无疑。但是，如果只是给他一个斩首示众的惩处，那也就太便宜他了。要让他死得痛，死得苦，死得慢，死得惨，方能解除心头之恨。于是，这些人纷纷向孙权上言，要求对吕壹施以火焚或者车裂之酷刑。用火把人活活烤死，这种酷刑的发明者是迷恋妲己的商纣王，当时叫作"炮烙之刑"。至于用五辆马车，用车后绳索分别套住人的头和四肢，然后向外拉扯，把人活活撕成几块，这种"车裂之刑"的发明是在战国时代。善辩的苏秦，变法的商鞅，都曾亲身体会过车裂的痛苦滋味。不过两汉以来，儒术昌明，这两种酷刑都不合"仁人之心"，已经罕有使用了。如今又有人要求把这两种历史悠久的刑罚搬出来，而且附合者众，孙权颇觉为难。说一千，道一万，吕壹终归是受自己之命行事的。现今要平息众怒，借他的头颅一用也就够之足矣，火焚车裂，总还有些于心不忍。他怕廷尉受舆论左右，真的判处吕壹火焚、车裂之刑，到时候不好挽回，所以才改命顾雍主审。孙权深知顾雍生性平和善良，一贯不主张严刑峻法，而且顾雍又是吕壹一案的主要受害者，为了避免挟嫌报复的议论，他也不好判决得太过分。一言以蔽之，让吕壹死得痛快一点，舒服一点，这就是孙权特命丞相顾雍亲自审理吕壹一案的用心所在。

顾雍悟出天机，心想皇上已经让步，哪能再让他下不去台呢。于是，他在审问吕壹时，一直和颜悦色，绝不刑讯逼供。陪同审问的尚书郎怀叙，在吕壹狡赖之时，忍不住把吕壹痛骂一顿。事后顾雍悄悄责备怀叙说："朝廷自有法律处置他，你又何必如此啊！"

临到结案之时，顾雍又温和地问吕壹道："你是否还有什么事要向亲属交代呢？"

吕壹感激得连连伏地叩首。顾雍随即上奏皇帝：吕壹辜负天恩，以权谋私，贪赃枉法，罪在不赦，请求批准施加"大辟"之刑。所谓的"大辟"，说白了就是砍头。孙权当即俯允。次日凌晨，曾经骄横不可一世的吕壹，便一命归阴、呜呼哀哉。其他一干人犯，亦受到应得的惩罚。至此，施行了两年多的"中书校事"制度，实际上到此就废止了。

吕壹伏诛，孙吴的将相大臣松了一口大气，皇帝孙权则松了一口小气。但是，如果以为君臣之间的嫌隙从此就彻底消除，那就大错特错了。吕壹死后，孙权随即派出特使，到上游去向陆逊、潘濬等重要大臣将领道歉，并征求他们对军政大事的意见。陆逊和潘濬见了使者，并未推心置腹地畅谈政事，却是流着眼泪把自身处境之艰难叙述了一番，按照陈寿《三国志》所描述，是"泣涕恳恻，辞旨辛苦，至乃怀执危怖，有不自安之心"。意思是说，两人流下眼泪，说话悲伤，言辞充满辛酸痛苦，以至于感到恐怖，心情不得安宁。说实话，此时的陆、潘二人，流的既不是感激之泪，也不是恐惧之泪，而是一种激愤之泪。孙权从使者的报告中得知，诸位大臣将领都不愿说出肺腑之言，气得下了一道诏书责备臣僚。大意是说，人非圣哲，谁能无过？我已经向你们表示了歉意，你们还要我怎么样？希望你们学习"谏而不得，终谏不止"的管仲，随时进献你们的宝贵意见。这道诏书一下达，臣僚更不会畅所欲言了。

君臣之间的嫌隙未曾消除，孙权的家庭内部，不久又出现了激烈的争端。君臣嫌隙与家庭争端再搅在一起，便把孙权一步步逼上了不归的死路。这正是：

君臣尚有猜疑在，岂料家庭又起波。

要想知道孙权的家庭中，此时此刻又出了什么样的争端变故，请看下文分解。

第十三章
二子争宠

儒家经典《礼记》的《大学篇》有云:"身修而后家齐,家齐而后国治,国治而后天下平。"这一套修齐治平的理论,两千年来已经被人们熟知。但是,能够治国、平天下者,果真就能做到齐家么?翻开二十四史,那里边记载的盖世英主可谓多矣,他们治国、平天下的文治武功,也确实显赫辉煌之极了。然而在齐家方面,特别是在挑选自己的继承人这一点上,他们当中不少人都是失败者。有的弄得父子反目,有的造成兄弟相残,充满了阴谋诡计,剑影刀光,闹腾得"不亦乐乎"。秦始皇"振长策而御宇内"，却不能防止少子胡亥算计其兄扶苏。汉武帝算得上"雄材大略"，却把自己好端端的太子刘据，逼得逃亡民间，最后上吊自杀。唐太宗被称赞为"功德兼隆，由汉以来未之有也"，却未能预料太子李承乾和其四弟李泰会树党相攻，更没有料到李承乾还想夺取唐太宗本人的位置。何以这些威名显赫的英主，竟然不能和睦自己的一个小家庭呢？一条重要的原因是"寡人好色"。好色则多妻，多妻则多子，子嗣虽多，皇位的继承人却只能有一位，还能不争得头破血流么？设若皇父本人又不能做到认真修身，不讲正道，有所偏爱，众位妃嫔各为其子施展那"倾城倾国"的手段，自然就更加热闹了。

就魏、蜀、吴三国的情况而论，在选择确立继承人上最为平静顺利的，当数蜀汉的刘备，可以评为上等。究其原因，一方面是因为刘备的妃嫔和子嗣不多，对于皇太子刘禅没有形成激烈的竞争；另一方面则是因为有诸葛丞相兼任太子师傅，正气伸张，朝纲整肃，邪门歪道没有产生的土壤。魏国的曹操，最初立曹丕为太子，后又欲立曹丕的小弟曹植。虽然其后兄弟相煎，燃萁煮豆，总算没有在国家政局上造成太大的动荡，这属于较差的中等。唯有吴国的孙权，妃嫔子嗣既多，又不讲嫡庶长幼之别，在毫无游戏规则可言的情况下，随意散打，胡乱决定，结果在选定继承人的问题上引发了非常激烈的争夺。斗争从宫闱之内，滋延到朝廷大臣中间，最后弄得孙吴政局急转直下，难以收拾，在三国之中属于最糟糕的下等了。

究竟孙权是怎样弄到如此糟糕地步的呢？这还须从头说起。

孙权膝下共有七子：长子登、次子虑、三子和、四子霸、五子奋、六子休、少子亮。这七个儿子大多不同母亲，关系已经生分。加之孙权称王称帝以后直到他死的前一年，整整三十载，竟然没有名正言顺确立过一个皇后，妃嫔之间没有嫡庶之分，子嗣之间也就没有尊卑之别，谁有办法讨得皇父的欢心，谁就有当继承人的可能，这就更加助长了子嗣们觊觎未来大位之野心。

赤乌四年（241年）五月，比较贤良的皇太子孙登病死，时年三十三岁。此时，孙权的次子孙虑早死，三子孙和不仅年龄最长，而且其母王夫人深得孙权的宠爱，所以不久就被立为太子。大致在同时，孙权又封另一宠姬谢氏所生的第四子孙霸为鲁王。帝王之家照例是"母以子贵"，然而孙和被立为太子之后，孙权却又迟迟不立其母王氏为皇后，以致于"中宫虚旷"多年。更令人奇怪的是，孙权对待太子孙和及鲁王孙霸，都是同样的宠爱，给予相同的待遇，毫无尊卑之分。这样一来，鲁王孙霸暗中就起了夺取太子位置之心。他除了自己竭力争得孙权的欢心外，还物色了一个得力助手来帮忙。这个助手不是外人，就是孙权的大公主孙鲁班。

孙权有两个女儿，长女叫作孙鲁班，次女叫作孙鲁育，均为步氏夫人所生。这步夫人不仅姿容美丽，而且宽厚容人，在后宫之中最受孙权宠爱。可惜她所生的大女儿孙鲁班，却没有其母那样的好品行，竟是一个心胸狭窄、工于算计的角色。她见孙和之母王夫人，因生有儿子而大得孙权的宠幸，使自己的母亲相形逊色，不禁大为怨恨，发誓要对孙和母子施放暗箭。孙霸窥知这位异母老姐的内心，便主动与之搞好关系。二人一拍即合，决心联合起来对付孙和母子。

这是赤乌六年（243年）的初春，孙权无事，闲游后宫庭院，来到一处名叫"织室"的地方。这织室乃是宫内侍女纺织缝纫御用衣物之处，凡是官吏犯法后，家中未婚女子被判罚为官方奴婢者，多半会送入织室劳动服务。孙权之所以来到这里游逛，内心是想看看新近送入织室的女奴中，是否有值得一顾的绝色佳丽。此时的孙权，虽然年已六十有二，但是因体气依然康强，故而一点春心未老。

孙权刚刚进入织室大门，满院上百名女奴立时站起来以示恭迎。这倒不单是害怕起立迟缓以后将受斥责，更主要的目的，还是想抢先得到天子的青睐，以便脱离这无边的苦海。就在女奴们纷纷站起之时，西边廊下仍有两名女子埋头飞针走线。直到其他人都已肃立，她俩才咬断线头，款款站起身来。

这两名女奴立时引起了孙权的注意。他上下一打量，只见二人不仅面貌相似，而且都有沉鱼落雁之容，闭月羞花之貌，站在众女奴之中，真如鹤立鸡群一般。孙权心中一阵暗喜，正待问身旁管理织室的女官此二人是谁，那女官早已会意，立即轻声向皇上报告了他想听的一切。

原来这两名女奴是一对同胞姊妹，姓潘，是会稽郡句章县（今浙江省上虞市）人氏。她们的父亲在京城建业一个政府部门供职，因贪污被判死刑。姊妹俩因此受到连累，被送入织室成为官家奴婢。姐姐时年约二十一岁，妹妹芳龄十九左右。

孙权手捻长须，颇为满意地含笑点了点头，又再抬眼审视一番，觉得那妹妹非但是花容月貌，而且身段柔美，顾盼风流，别具一种勾魂夺魄的媚态，较之其姐更胜一筹。于是对左右吩咐两句，随即转身离去。

当晚，潘家小妹便受到了皇帝的雨露之恩。这潘氏年纪虽轻，却是一个工于心计的善妒女子。在织室西廊故意起立迟缓，就是她听到皇上驾到后，灵机一动想出来的高招。如今与皇上已有肌肤之亲，她自然更要使出浑身解数来邀宠固宠。孙权受她迷惑，不顾年事已高，夜夜作房中之乐，不到一月竟然就病倒床榻。

皇上得病，急坏众人。孙和之母王夫人却面无忧色，她心想：谁叫你迷上了那个小妖精！你要是早点一命呜呼才好，我的儿就好当皇帝了！王氏是胸无城府之人，心中所思，不免形诸神色。众人见她有说有笑，不禁都暗自皱眉。大公主孙鲁班看在眼里，立即记下她的这第一条"罪状"。

孙权身体耗损太大，虽经名医调治，恢复仍很缓慢。不要看他贵为天子，他却一直相信那些怪力乱神的玩意儿。他见自己久卧床榻不能康复，就命皇太子孙和，到当时建业最出名的神庙——蒋山祠去求神赐福。

这蒋山原名叫作钟山，在建业城的东北，也就是现今南京市东北著名的钟山。东汉末年，有个叫作蒋子文的军官战死在钟山之下。其后民间传言说，他的魂魄化作了当地的土地神，于是人们便为之建立神祠进行祭祀，竟然屡有灵验。孙权称王之后，为了回避其曾祖孙钟的名讳，也为了求得蒋神爷的庇佑，就把钟山改名为蒋山。蒋子文的神祠，也就叫作蒋山祠了。

孙和得到父皇的指示，不敢怠慢，当即率领太子东宫的一干官员，出城去蒋山祠祈福还愿。这日下午，孙和完事回城。途中，经过妻子张氏的叔父张休家，这张休就是孙吴老资格大臣张昭的小儿子。孙和因想到久未探望妻子的叔父，遂下车入内拜见张休。二人闲谈两个时辰，孙和才告辞还宫。在东宫盥洗沐浴一番，又用罢晚膳之后，他这才进皇宫去回报父皇。

孙和一踏入父皇的寝宫，就觉得气氛不对，侍从见了他都只略微点头示意就匆匆离去，毫无言语。走进内室，行礼方毕，孙权忽然大发雷霆，痛责孙和不能恪守孝道，辜负了自己一片心血，直骂得孙和跪伏在地，胆战心惊，半晌不敢言语。

孙权为何突发盛怒呢？原来是大公主孙鲁班在背后煽阴风点鬼火的结果。太子孙和一出宫去蒋山，她就派了两名心腹下人，跟随其后打探。所以孙和刚回到东宫，这边他的老姐已经得知他的全部行踪。她心想：叫你去求神赐福，你还有闲心到张家去向妻叔大献殷勤，这不是收拾你的好机会吗？于是立即进宫来见父皇。此时，天色已到薄暮时分，躺在卧榻上的孙权，正焦急地等待太子祈神的回报。孙权见女儿从宫外的丈夫家来见，便问他知不知道弟弟一行的消息。孙鲁班故作惊讶地说道："怎么三弟还没有来见父皇？他不是午后不久就回城了吗？"

孙权一听，忙问女儿何以得知。孙鲁班说是夫家的下人到城中购物，正巧碰见太子的车队停在张府门前，不得通过，就回府报告，所以知道。说完，她又劝慰孙权道："父皇也不必介意，总以保重龙体为要。三弟年轻不懂事，我以后说说他。不过，作为他母亲的，也要树立一个好榜样才对啊。"

孙权听女儿话外有音，自然要追问下去。大公主便把王夫人在这段时间如何言笑自若、欣喜之情溢于言表的情况，添油加醋地描述一番。孙权心想：怪不得太子到现在还不来见我，母子俩都巴不得我早死啊！当下气得四肢发颤，见人就骂，吓得侍从们大气也不敢出。大公主见自己的计谋已经奏效，又假意安慰父亲一阵，便离宫回家。她走后不久，孙和才姗姗来到，遭到父皇的一顿臭骂，那是当然的了。

痛责孙和后，孙权还不解气，次日又把孙和之母召来领受申斥。王夫人是一个没有什么主见之人，进宫将近二十年来一直承恩受宠，哪里受过如此严厉的指责？今天忽然被皇帝骂得狗血淋头，不禁又气又怕，当晚即以短刃自杀身亡。

孙权没有料到她会走到这一步，顾念旧情，也有几分懊悔，连忙封锁消息，对外只说暴病而死，厚加安葬了事。

王夫人一死，孙和便孤单了。这边鲁王宫中窥伺已久的孙霸，立即乘机发动攻势。孙和也不甘示弱，顽强反抗咄咄逼人的老弟。于是，两兄弟之间的矛盾迅速激化。孙权得知消息，并不明确表示自己的倾向性，只是命令两兄弟在各自的宫中好好读书，彼此不准往来而已。

从表面上看，孙权的态度不偏不倚。实际上，这种态度对已经据有太子之位的孙和而言，是很不利的。孙和当然不会束手待毙，他通过各种关系，悄悄在当朝大臣中寻求自己的支持者和代言人。鲁王孙霸见胜券有望，也如法炮制，以求扩大战果。在孙吴文武大臣这一方面，出于种种不同的动机，或支持太子孙和，或拥护鲁王孙霸，于是朝廷中逐渐分成相互对立的两派。史籍描绘当时的情景是"仇党疑贰，滋延大臣，中外官僚将军大臣，举国中分"。

孙吴这场政治上的激烈冲突，陈寿《三国志》中有一个专门的形容短语，这就是"二宫构争"。

支持太子孙和者是什么人？

赫然居首的就是重臣陆逊。此时顾雍已死，陆逊升任丞相，仍然留守武昌。陆逊为何要支持孙和？原因主要有二。

首先当然是道义上的考虑。孙和年龄居长，并无大过，既已正式立为皇太子，就不宜随便废除，形同儿戏。其次则是和自己切身利益有关。原来，孙和嫡妃张氏的妹妹，就是陆逊之子陆抗的夫人。而她们两姐妹，乃是老臣张昭的孙女。孙和能否当皇帝，对于陆氏家族未来的政治前途关系重大，故而陆逊要充任太子派的首领。太子派中的另外两名骨干人物，是太常卿顾谭和奋威将军顾承。这顾谭和顾承系同胞兄弟，乃是已故丞相顾雍之孙儿，而且都是陆逊的外甥。他俩跟随舅父陆逊一起拥护太子，非常自然。还有一个孙和的支持者，是骠骑将军朱据。前面已经说过，朱据的夫人为孙权的小公主孙鲁育。孙鲁育看不惯老姐孙鲁班对三弟孙和使坏，就和丈夫一起声援孙和。除了以上四人外，积极支持太子者还有多人，但是他们的资望和地位，又要略逊一筹。

拥护孙霸的鲁王派，为首的乃是骠骑将军步骘。步骘与大公主孙鲁班的母亲步夫人乃是同宗。孙鲁班竭力拉拢他，让他支持孙霸，反对孙和。步骘见孙权很有改立孙霸为太子之意，又深知孙权内心一直忌恨功高望重的陆逊，觉得拥护孙霸很是有利可图，就欣然充当了鲁王派的首领。孙鲁班的夫婿卫将军全琮，则出任副首领。在步骘和全琮的积极活动之下，镇南将军吕岱、左将军吕据、中书令孙弘等重要军政人物，都先后加入了鲁王派，形成了一股与太子派勉强相当的对立势力。

营垒既已形成，双方的人员都想方设法通过各种途径，向皇帝孙权施加影响。一时间，"太子好""太子不好"，"鲁王佳""鲁王不佳"的进言纷至沓来，弄得病体刚刚康复不久的孙权应接不暇，无所适从。但是，不久他就发现，支持太子的主要人物，竟然多多少少都和当初吕壹主持的那场"中书校事"政治斗争有关。丞相陆逊和骠骑将军朱据，本身就是当时的重点监督对象。太常卿顾谭和奋威将军顾承兄弟，则是当时已经停职接受审查的丞相顾雍之孙。他立时产生了高度警戒之心，同时，旧日埋藏下来的恼怒，也重新涌动翻腾起来。他想：你们现今结成一派，打着拥护太子的旗号，实际上是企图在我死后控制朝政嘛。我什么世面没有见过？就这样有时候都还斗不过你们。太子不过是中人之才，日后你们还不把他当成汉献帝一样的傀儡任意支配么？你们这些曾经受过中书吕壹督责的人拉帮结派，是什么意思？分明是旧恨未消嘛！

一旦孙权把这个问题，提高到君臣权力之争的高度来认识，并和过去的恩恩怨怨联系起来之后，事情就非常严重了。老年人的疑忌心理，更如火上浇油一般促使孙权采取行动。

于是他咬牙切齿做出决定：继承人的选择暂且放在一边，先把太子派中的危险人物收拾了再说。

孙权此时敢于向陆逊等人施行严厉打击，是因为这时的力量对比形势，对他来说相当有利。吕壹校事时，几乎所有臣僚都对"中书校事"不满，陆逊和顾雍又分别掌控了将相大权，孤立的孙权不得不做出让步。而今，朝臣分为对立的两派，打击太子派，鲁王派自然要欢迎和支持，这就有近一半的人撑腰了。再说，顾雍已死，陆逊孤掌难鸣，对方的力量又减消一半。孙权看准这一点，果断地举起了大棒。

首先，孙权连续派遣几批特使到达武昌，不分青红皂白责备陆逊一通。当时，陆逊正患病卧床休息。他受到无名之辈的恶声斥责，还不能有所辩解，真是悲愤之极！他自思数十年来，围取山越，助擒关羽，火烧刘备，伏击曹休，为孙吴立下了多少赫赫功勋？当初凯旋之时，主上执鞭，百官致敬，赐以御盖，出入殿门，又受到了何等的宠任！而今自己须发斑白，来日无多，君臣之间竟然出现了这样大的隔膜，再勉强活下去又有什么意义呢？于是，他拒绝治疗，拒绝进食，不到半月，在赤乌八年（245年）的春天即含恨而死，时年六十三岁。

与此同时，顾谭和顾承兄弟一齐被撤职，远远流放到岭南的交州（主要地域在今广东省、海南省、广西壮族自治区），由当地官员严加管束，不得随意行动。后来，这两位贵公子都死在那瘴疠之地，做了他乡之鬼。

接下来倒霉的便是朱据。孙权对这位小女儿的姑爷不仅没有手下留情，反倒下手更狠。一日，孙权听说皇宫大门外有人冒死请愿，心中好生奇怪，当即登上宫门城楼察看。谁知不看则已，一看不由得怒火中烧。那宫门外黑压压跪着一两千官吏将士，全部脱去冠帽，以稀泥把头发糊紧，双手都用绳索捆绑，口中不停地叫着"太子无罪"，场面相当令人震撼。为首的那一人，也是泥头自缚，不过口中还含着一块写有"太子无罪"的白绢，此人非他，正是二姑爷朱据。孙权立时命令宫廷卫队驱散请愿人群，又将朱据贬到偏远的新都郡（治所在今浙江省淳安县西北）去当一小官。朱据还未走到新都郡，孙权一道追魂诏书送到，押送官员把朱据关进驿站的马房之中，请他自便。半个时辰之后众人打开门一看，大吴皇帝的二女婿，已经吊死在马房的房梁上了。

除了以上四人外，在太子派中，被砍头的还有太子辅义都尉张纯、太子太傅吾粲；被酷刑拷问的有尚书郎陆胤；被流放的还有扬武将军张休。这四人不是陆逊的部下，就是其亲属好友。经过这场政治大风暴的打击，太子派的势力彻底崩溃，孙权终于成为表面上的大赢家。

成为赢家的还不止皇帝一人。陆逊一死，孙权立即重新分配朝廷的军政大权。他宣布：任命步骘为丞相，朱然为左大司马，全琮为右大司马，吕岱为上大将军，诸葛恪为大将军。明眼人马上就会看出来，作为鲁王派骨干的步骘、全琮和吕岱，不仅没有受到打击，反而加官晋爵获得奖赏，瓜分了原来属于陆逊的职位和权力。孙权的偏向，可以说已经暴露无遗。但是，还有一个赢家值得一说，这就是大将军诸葛恪。

诸葛恪，字元逊，是孙吴大臣诸葛瑾的长子。蜀汉丞相诸葛亮，乃是他的二叔父。诸葛恪的妹妹，嫁给张昭长子张承为继室夫人，生的女儿又嫁给孙和为妃，所以他的妹妹是太子孙和的岳母，他本人也就是孙和的大舅父了。他在两派斗争之中，一直是太子孙和的坚定支持者。不过，由于他和当初的吕壹校事毫无瓜葛，所以在太子派纷纷落难遭劫之时，他却安然无恙。不仅安然无恙，接着还升任大将军。不仅升任大将军，日后还被孙权选为托付后事的辅政大臣，这是后话。

孙权一顿大棒，收拾了早就想收拾的陆逊等人之后，这才回头来处理继承人选的问题。他原以为这个问题很好解决，不过是去一个留一个而已。谁知道收拾外人容易，贬的贬，杀的杀，可以面不改色心不跳，一旦到了要在自己的亲生骨肉头上动手，而且只是不给皇太子的头衔，还不是杀人见血，就犹豫不决起来，显得英雄气短了。加之他自信还很能活很久，继承人的问题不妨拖一拖再说。于是这一拖，就拖了好几年。

到了赤乌十三年（250年），孙权终于觉得拖不下去了，因为天、地、人三方面都在给他施加很大的精神压力，要他早做决断。

先来说天。这一年的五月，夏至节气的那一天，司察天象的官员，发现"荧惑入南斗"，即荧惑在夜晚出现在南斗星座之间。古人所说的"荧惑"，现今叫作火星。中国古代的星相家认为：荧惑是不祥之兆，它出现在天空之后，与所在星空相对应的地上州国，特别是这一州国的君主，必将碰到可怕的祸殃。王充的《论衡》一书中，就说过"荧惑，天罚也，祸当君"这样的吓人话，意思是星空出现荧惑，那是上天在显示惩罚，祸灾的承当者就是君主。而星空中的南斗星座，被认为是与地上的扬州相对应。这样一来，"荧惑入南斗"，就正该吴国的皇帝遭殃了。司察天象的官员不敢隐瞒，赶紧向孙权报告，极为迷信神鬼的孙权，立时坐卧不安，愁容满面，不知如何是好。须知孙吴立国数十年来，这荧惑还是第一次光临南斗啊，孙权暗自思忖，这很可能是预示自己来日无多了。

再来说地。荧惑出现三个月后，京城建业东南不远的丹阳、句容、故鄣、宁国诸县（分别在今安徽省马鞍山市东南、江苏省句容市、浙江省安吉县北、安徽省宁国市南）一带，发生了猛烈的地震，出现了大面积的山崩。因山崩而造成河道阻塞，暴发的洪水，淹得京畿之地如同泽国。按照古人的说法，是"山者，阳位，君之象也"，意思是说，山，处于阴阳之中的阳位，是君主的象征。正因为如此，所以天子死亡要称为"崩"，即如同山崩地裂一般。如今山崩地裂不说，而且发生的地点又近在京畿一带，这个兆头对皇帝来说还会好吗？

最后来说人。人这一方面的情况，孙权是有切身体会的。首先是全琮、步骘、朱然等支持鲁王孙霸的将相大臣，已经先后离开人间，而这三人的年龄都比他还小。后来的人都已离去，先来的人心中是什么滋味，可想而知。其次，每日早起对镜自照，原来的紫色胡须早已变得皓白，眼睛迷蒙，牙齿稀松，纯然是一个垂垂老矣的形象，哪里还看得见当年叱咤风云、气吞曹刘的影子！到晚来，潘妃侍寝，对着这千娇百媚的美人，昔时之春心虽然尚未雪化冰消，但是耕云播雨却早已力不从心了。以上两点，使孙权自我感觉暮年已至，不能不早定继承人选。然而在人这一方面的主要精神压力，还不是来自这种自我感觉，而是来自年仅二十六岁的潘妃。

原来，在那赤乌六年（243年）初春潘氏承受皇上雨露之恩后，当年冬天就喜得一龙子，取名叫孙亮。孙权花甲之年再逢弄璋之喜，高兴得无法形容。因此之故，那潘氏更受皇帝青睐，从此享有专房之宠了。孙亮出生不久，太子派与鲁王派的斗争开始激化，工于心计的潘氏，立即起了一个坐收渔人之利的打算。但是，她知道事情不能操之过急，因为自己才从织室的女奴变成皇上的姬妾，根基尚不够稳固，再说儿子孙亮幼小，还缺乏竞争的能力。于是，她把秘密埋在心底，暗中却在两个人的身上狠下功夫。

第一个人当然是皇上。她想方设法博取孙权的欢心，排斥陷害其他竞争者，这本是她的出色本事，不必细说。第二个人则是大公主孙鲁班。潘氏看到孙权对大公主几乎是言听计从，就存心拉拢这个比自己还要大二十岁左右的名义女儿。女人最懂得怎样才能拉拢一个女人。潘氏拉拢大公主的高招有二。首先是看你最恨谁，她就向谁身上猛泼污水。经过仔细观察，潘氏发觉大公主最恨太子孙和，她就经常有意无意地诽谤太子，而且专门要在与大公主亲近的人面前进行诽谤。久而久之，孙鲁班就把她当作同一条战壕中的战友来对待，双方亲密得很了。潘氏见第一招已经奏效，又使出第二招来。她见大公主每次进宫，都要把丈夫全琮胞弟的小孙女带在身边，极为疼爱。而这个小女孩和自己的儿子孙亮年龄相仿，都只有五六岁。于是就向大公主提议，让这两个小孩结成娃娃亲。大公主一听，觉得此事对夫家和自己都极为有利，马上满口应允。潘氏又要大公主去给皇上提说此事，理由是皇上最信得过大公主。被潘氏一番奉承话语弄得飘飘然的大公主，从此在孙权面前夸奖全家那个小女孩如何天生福相，注定是小弟孙亮的好配偶。当时的风俗，通婚双方不大讲究辈分，所以在大公主的极力撮合之下，孙权不久就同意了这门娃娃亲。孙亮和比自己矮两辈的全家小姐，便成了名义上的夫妇。

经过数年的苦心努力，潘氏本人击败众多的竞争对手，终于取得后宫第一人的地位。她的儿子孙亮，也长到七八岁，渐渐显露出过人的聪慧来。她们母子，又还争取到了大公主这样一个有影响力的支持者。潘氏认为，收取渔人之利的时候到了。

于是乎，她瞄准天上荧惑出、地下山岩崩的大好机会，向准备确定继承人的孙权大吹枕边风。她的枕边风吹得很有艺术性。她绝口不提要自己的儿子当继承人，而是一再要求孙权：无论皇上在太子孙和与鲁王孙霸当中选定何人，都请皇上向继承人打招呼，下口谕，将来登基之后，不得伤害我们母子的性命。因为他们二人仇恨已深，任何一人登基后都会向对方报复，到时候可不能杀红了眼睛，顺便就把利刃朝小兄弟孙亮的头上砍下来呀！每逢说完，她都要悲泣一番，以加强谈话的效果。

潘氏的话使孙权意识到，要是在孙和与孙霸之间选择继承人的话，日后自己眼睛一闭，就免不了有一场自相残杀发生，搞不好还会因此断送了江山社稷。要避免这样的后果，唯一的办法，就是抛开这两兄弟，另选新的继承人。另外选的话，又该选谁呢？他看着时刻在自己膝下，朗朗背诵《孝经》的孙亮，清脆的童音，把"孝，德之本也，教之所由生也。身体发肤，受之父母，不敢毁伤，孝之始也"这些句子，送入自己的耳中。孙权笑了笑，心中终于有了主意。

赤乌十三年（250年）八月底，吴国皇帝孙权，正式颁发诏书：废除皇太子孙和，将其移送至故鄣县（今浙江省安吉县北）严加看管；鲁王孙霸赐死，其遗体降低级别，按照侯爵的规格安葬。十一月，又发布诏书：正式选立八岁的少子孙亮为皇太子，为此明年将要改换新的年号"太元"。

至此，在孙吴历史上持续时间最长，波及范围最广，政治影响也最严重的政治斗争，即孙和、孙霸两兄弟争夺继承人位置的"两宫构争"，到此终于落幕。陆逊等人，墓木已拱；鲁王宫中，人去楼空；故鄡道上，孙和悲泣。只有年纪轻轻的潘氏夫人，躲在建业京城皇宫的椒房深处，暗自窃笑不已，她才真正是这场利益争夺战的最后大赢家。这正是：

政坛将相知多少，败给宫廷小美人。

要想知道孙权立了八岁的幼子孙亮为皇太子之后，他又如何应对自己的迟暮时光，请看下文分解。

第十四章

英雄迟暮

冬去春归，转瞬间就进入太元元年（251年）。

这年的春三月，群臣和宫廷为皇帝孙权七十寿辰大大庆祝了一番。五月，又是册立皇后潘氏的隆重典礼。为了给这场孙吴有史以来的首次立后盛典尽量多地增添喜庆气氛，又在全国范围内颁布大赦令。人们异口同声说：这真是一个吉祥喜庆的新春年啊！

但是，老皇帝心里却并不快活。

在魏、蜀、吴三国的开创者中，就年富力强时的英雄气概而论，孙权丝毫也不比曹操和刘备逊色。单单凭他在赤壁抗曹时一句"孤与老贼，势不两立，当与孟德决之"的豪言壮语，就令人千载之下尚能感到凛凛的英气！然而到了迟暮之年，孙权对于人人不能避免的死亡，却相当畏惧和忌讳，其态度就远不如曹操和刘备达观和超脱了。曹、刘二人知道死神即将来临时，并不做徒劳无益的挣扎，而是及时安排后事，从容留下遗嘱。例如，曹操预先为自己做好入殓时所穿的衣物，一切从简，仅装了四箧而已。刘备给太子刘禅的遗诏，说是"年已六十有余，何所复恨，不复自伤"。刘备只活了六十三岁，曹操也不过活了六十六岁，对生死之事尚且如此通达，如今孙权已经到达古稀之年，较之曹、刘二人更为长寿，反倒比别人更怕踏上黄泉之路，足见"英雄所见"，并不一定就是"略同"的。而孙权郁郁不乐的原因，正在于此。

衰老死亡是人力无法挽回的事，孙吴皇帝只有走秦皇、汉武的老路，去祈求神仙帮忙了。不过，秦皇、汉武早在自己龙体康健之时，即已动手求仙，所以他们的办法，主要是三番五次"东临碣石，以观沧海"。观沧海之意，主要还不在于欣赏"秋风萧瑟，洪波涌起"的壮丽景色，而在于想和居住在蓬莱仙岛上的仙人会面，以便得到长生不老之药。可是，孙吴皇帝一直被太子、鲁王之争纠缠得不能脱身，等到能够脱身时，又衰弱多病、不能远行了。既然不能出去求仙，那就只好把仙人请到身边来。于是乎，在喜庆气氛消散之后，孙吴宫廷又开始出现一股浓厚的神怪气氛。

这年春天，滨海的扬州临海郡罗阳县（今浙江省瑞安市），忽然传说有神仙从海上降临。这位神仙自称为"王表"，经常出没于民间。其饮食言语，与常人无异，但是，人们却完全看不到他的身影。神仙随身带了一个侍女，名字叫作"纺绩"。神仙的种种意愿，都由纺绩代为传达。而他预言吉凶祸福之事，往往都有灵验。所到之处，老百姓趋之若鹜，争相求得仙人的指点，于是很快轰动一时。

消息传到京城，正在为皇帝发愁之事而发愁的潘皇后，赶忙向孙权报告这一令人振奋的喜讯。孙权得知有海上仙人降临国境，长生不死大有希望，果然一扫愁容，笑口大开。当下封仙人王表为辅国将军、罗阳神王，并且派中书郎李崇一行人众作为特使，到罗阳县去恭请仙人入京。那位仙人也很随和，立即与侍女纺绩一起，随李崇来到京城建业。

一路之上，仙人王表及其女弟子，受到郡县官员的隆重迎送。有的官员心中虽然牢记孔夫子"不语怪力乱神"的教导，然而想到皇上天威难犯，只好向仙人师徒望尘而拜。而仙人的规矩也很多，其中最花费时间者，是每经过一条河或一座山，无论其大小，他都说有相好的神仙隐居在其中，非得留下来拜访拜访不可。这罗阳县位于浙南山地的最南端，由此进京，一路之上，你说要过多少山和多少水？这里三天，那里两日，停的时候多，走的时候少，特使李崇心中急得如同火烧火燎一般，却还不敢公然催促。要是仙人生了气，拨转云头飞走了，自己到哪里去找呢，如何向皇上交代呢，那不是要脑袋搬家么？

就这样，一千里多一点的路程，足足走了两个多月。七月底，仙人师徒终于抵达京城，受到有关人员的热烈欢迎，并且立刻住进苍龙门外皇帝特为仙人修造的豪华府邸。这苍龙门是皇宫紫禁城的东门，距城内的皇上寝宫最为近捷，所以才将仙人安置在这里歇息。

仙人已经来到，然而在和仙人见面一事上，孙权却感到不大好办了。召唤仙人入宫来相见，害怕仙人感到屈尊和委曲；自己亲自出宫到苍龙门外拜访，又放不下万乘之尊的架子。无可奈何之中，只好派出近身侍臣为代表，去和仙人见面，祈求福祉康宁。

仙人对于保佑皇帝长生不死一事，未置可否，却先行发出了可怕的预言。他说近日将有风雨之灾，平地洪水，要皇帝早做预备。孙权见天气晴朗，碧空万里，不像风雨将至的样子，竟然没有在意。不料两日之后，也就是八月初一日这一天，天气突然大变，先是起暴风，次是降骤雨，一连五天雨水倾泻不止。史籍上记载的结果是"江海涌溢，平地水深八尺"。当时的一尺，相当于现今的 24 厘米，八尺就是 192 厘米，足足有常人的一人多高。就连郊外孙权父亲陵墓上的合抱松柏大树，也全部被吹倒在地。城中的皇宫之内，也是一片汪洋，侍从连忙把惊魂未定的老皇帝护拥至高台上避水。好在宫廷禁卫军的指挥官吕据，及时派人驾驶了数十艘船进宫，孙权才算略微放下心来。船只竟然都能够驶入皇宫，这倒是极为稀罕的事儿了。

经过这一场风雨之灾，皇帝、皇后和不少臣僚，都对仙人王表佩服得五体投地。皇帝和皇后多次派人送来珍贵礼品，请仙人笑纳。同时，又再次请求仙人保佑皇帝多寿多福，长命百岁。这一次仙人嘴软了，满口应承不误。得到仙人的承诺，皇帝和皇后那种高兴的样子简直难以形容。

可是，仙人开出的似乎是一个不能兑现的承诺。到了十一月的冬至节，近年来一直深居皇宫不出的孙权，忽然又起了到城南祭天的念头。这一日，天气也还算晴和。皇帝一行缓缓来到城南十五里外的祭天高坛时，即已将近正午了。稍事休息，祭天仪式开始，照例是皇帝登坛，点燃柴火，祷告上苍，下坛望烟这一套。虽然一切从简，也还是用了一个多时辰。老皇帝渐渐觉得有些头晕目眩，支持不住。要不是身旁左右都有人扶持，他在下坛时早已跌倒在地了。随从人员见情况不妙，赶忙把皇帝扶上专用的金根车，匆匆回城入宫。

回到皇宫，孙权左边半个身体，包括左手和左腿，已经麻木僵硬而不能动弹。经御前名医赵泉诊治，认定皇上患的是"风疾"。所谓"风疾"，即是中风。现代西医认为，高血压患者发生脑溢血时，出血处的脑神经受到出血凝结块的压迫，往往会发生这种半身瘫痪。孙权晚年极少活动，加上长期食用山珍海味，摄入过量脂肪，难免会造成高血压体质，所以出现中风也是合乎情理之事。好在赵泉医术高妙，几帖药下去，虽未能去除半身不遂，皇上的神智却完全恢复了。孙权清醒之后，一面命人给仙人王表送去美酒佳肴，请仙人务必赐以福寿，一面又派遣使者到武昌，紧急传召大将军诸葛恪星夜进京。

诸葛恪其人，上面已经略有介绍。十二月，诸葛恪来到建业。孙权立即命令，诸葛恪以大将军身份兼任太子太傅，中书令孙弘兼任太子少傅。所谓"太傅"，即辅导太子的大老师；"少傅"，即二老师。诸葛恪与孙弘，一人握军权，一人掌机要，请他们来辅佐卫护太子，可见孙权对仙人的承诺能不能兑现，心里也似乎吃不准了。

仙人不仅没有多多关照老年皇帝不说，而且对妙龄皇后的祈求也不感兴趣。岂止是不感兴趣，简直可以说是见死不救了。此话从何说起呢，且听道来。

原来，自从孙权中风偏瘫之后，宫廷之中一应事务，都由潘后一人裁决。她也确实能干，竟然把偌大一座皇宫管理得井井有条。在上下一片赞扬声中，她不禁飘飘然忘乎所以。心想，治理一座宫廷也不过尔尔，如果叫我临朝称制以治天下，未必然就比西汉的吕后逊色么！与此同时，又有耳目向她报告，说是大将军兼太子太傅诸葛恪回建业执政后，与废太子孙和暗中有往来。诸葛恪还托人给孙和的嫡妃张氏带话，说是迟早总会让她出人头地。而这诸葛恪，乃是张妃的亲娘舅，这一切意味着什么，不是很清楚了吗？潘后见幼子的前途潜伏着巨大危险，决心先发制人。她探知掌管机密文书的中书令兼太子少傅孙弘，与诸葛恪素有隔阂，近来为争夺朝权，矛盾更加尖锐。于是，她借孙弘辅导太子读书之机，悄悄拉拢孙弘。二人一拍即合，孙弘还向潘后讲述了当年吕后如何得以临朝称制的史事。就在二人策划着夺权行动之时，没有想到诸葛恪却更着先鞭。

诸葛恪还朝执政，曾多次晋见孙权，密谈政事。一次，他见左右无人，就抓紧机会向皇帝进言，说是如今外有强敌，内多灾异，为了稳定人心，最好还是改立一个年纪较大的皇太子为好。古话说："人之将死，其言也善。"人到临死时，会变得通情达理一点，孙权也不例外。他知道诸葛恪的话有道理，也知道诸葛恪意在重新拥立废太子孙和，于是答应考虑考虑。

孙权想吃回头草，作为现任太子孙亮的母亲，潘后自然大为惊慌。她急忙动员大公主孙鲁班、负责宫廷警卫的孙权侄孙儿孙峻、中书令孙弘等人，先后来劝阻皇帝。他们认为目前绝对需要安定，改立皇太子必将造成局势的剧烈波动。再说，太子虽然年幼，今年也满了九岁。仙人早已保证皇上长命百岁，到皇上百岁还有三十年，那时候太子不是早已长大成人了么？现在又何须着急呢。被众人的轮番劝说弄得头昏脑涨的孙权，觉得他们说的也是道理，便又答应维持现状不动。潘后以为这一下渡过了难关，却不料更大的厄运却悄悄降临了。

一天晚上，疲劳过度的潘皇后突然感到身体不适，只好早早上床安歇。时当早春二月之际，乍暖还寒。潘后上床之后，觉得被冷如铁，不禁大为生气。她立即召来侍候自己的六七名宫女，劈头盖脸痛骂她们没有暖好卧被，是存心要害主人。一直骂到自己也支持不住之时，她还不解恨，又令这些宫女全部跪下思过，她才昏昏沉沉地睡去。

　　潘后对待侍女们一贯刻薄少恩，侍女们心中早就心怀不满。她们私下议论主子，说她早先不过是织室的女奴罢了，连侍女都沾不上边，仗着一张漂亮的脸孔和妖精一般的媚态，才爬到皇后的位子，有什么了不起！摆什么臭威风！不知哪天房上掉下瓦来把她砸死，御花园中窜出一条蛇来把她咬死，生一场绞肠痧把她痛死，那才好呢！这天晚上，她们跪在又硬又冷的地上，膝头痛得钻心，浑身冷得发抖。望着床榻上怡然熟睡的潘后，她们内心愤怒到了极点。到了子夜时分，一灯如豆，万籁俱寂。其中一名胆大的侍女，忍无可忍，陡然生了杀人之心。她悄悄和伙伴们耳语一阵，伙伴们都不住点头。于是，她们偷偷站起，一人去关上房门，其余的人一阵风似的扑上潘后的卧榻。潘后还来不及叫喊一声，就被她们用厚被子死死堵住口鼻，不能出气。她想挣扎，身躯和四肢也被紧紧压住不能动弹。一会儿，孙吴的皇后娘娘就香消玉殒，魂归离恨天去也。

众侍女见潘后一命呜呼，都长长出了一口恶气。她们整理好床榻，把潘后摆成熟睡的姿势，又揩干额上的汗水，这才打开房门，以皇后中了邪为名，装得慌慌张张的模样去报信。

宫内管事人员闻报，立即和御医赶来抢救。不料皇后已经脉息全无！大吃一惊之下，于是连夜分别讯问各名侍女，结果发现诸人所述的皇后发病情况并不吻合。经过一番严刑折磨，皇后猝死的原因终于真相大白。

这几名宫女，不久以后就被处以极刑。但是，老皇帝听到这个意外消息，也顿时气昏过去。此后的两个多月，是他生命的最末一段历程。他时而清醒，时而昏迷，和死神进行着徒劳无益的抗争。

御医们束手无策，群臣只好再去苍龙门外找王神仙想办法。谁知众人来到富丽堂皇的神仙府邸，却四处寻不着仙人王表师徒的踪影。原来王神仙暗中得知陛下病势危重，难以挽回，加之私囊已饱，遂趁人不注意，驾"土遁"溜之乎也。仙人乘黄鹤飞去，难寻踪影，眼看天色将晚，众人无奈，先后回家去了。

神凤元年（252年）四月二十五日甲午，老皇帝突然神志清醒，意识正常，俗话所说的"回光返照"现象出现。他命令左右速召以下五位大臣前来托付后事。

第一位是大将军兼太子太傅诸葛恪。孙权选择诸葛恪为首席辅臣，也是不得已的事。诸葛恪此人确实聪明机智，这一点孙权毫不怀疑。以往孙吴君臣聚会，只要有诸葛恪在座，就没有人能够在口辩的敏捷方面占上风。比如在一次宴会上，孙权命人牵了一头驴进来，驴的头上挂着一块木牌，上书"诸葛子瑜"四字。众人一见，哄堂大笑。原来诸葛恪之父诸葛瑾，字子瑜，脸形狭长似驴，所以孙权亲自开了这样一个大玩笑。在座的诸葛恪，马上要过笔来在木牌上加了"之驴"二字，"诸葛子瑜"就变成"诸葛子瑜之驴"了。众人又是一阵大笑，对他的机智深表佩服。诸葛恪确实做事能干，对此孙权也了解。他曾经奉孙权之命，率军围取丹杨郡（治所在今江苏省南京市）等广阔山区的山越，三年之间掠得数万民众之多。但是，诸葛恪的致命弱点是骄傲和粗疏。当初孙权曾委任诸葛恪主管军粮供应，蜀汉丞相诸葛亮深知侄儿做事粗疏，不能承担这种繁重细致的任务，连忙写信到孙吴进行劝阻。作为朝廷的首席辅臣，有这种致命弱点是很可怕的。然而孙权细细想来，还找不到一个比诸葛恪更好的人选，只好勉强将就了。

第二位是中书令兼太子少傅孙弘。孙弘虽然姓孙，却与孙权并不同宗。他是作为皇帝贴身心腹而进入辅政大臣行列的。他的任务，是要保证皇帝的遗愿能够得到不折不扣的实现。

第三位是太常卿滕胤。滕胤，字承嗣，乃北海郡剧县（今山东省昌乐县西）人氏。其伯父和父亲早年都是孙权的幕僚。滕胤二十岁时，娶孙氏皇族之女为妻。其人谦虚谨慎，深得孙权的看重。用他为辅政大臣，意在弥补诸葛恪的缺点。

第四位是荡魏将军吕据。吕据，字世议，汝南郡细阳县（今安徽省太和县东南）人氏。其父吕范，早年随从孙策创业，其后效忠孙权，是孙吴的元老重臣。吕据智勇兼备，此前孙权以他为皇太子卫队司令官，负责皇太子孙亮的安全，如今让他参加辅政，是顺理成章的事情。

第五位是侍中孙峻。孙峻字子远，乃孙权之侄孙。其人虽然年轻，但颇有心计，做事果断，敢于冒险。孙权赏识他的能干，又因他出自皇室，所以提拔他在身边负责宫廷警卫事务。选孙峻进入辅政大臣行列，目的是为了加强皇室的力量，同时也保护其小堂叔，即皇太子孙亮。

孙权精心选定的五位辅政大臣，听说皇上急召，匆匆赶至宫中，一齐拜伏在老皇帝卧榻之前，恭听圣谕。孙权的声音虽然微弱，但是相当清晰。他缓缓说道："朕的病情严重，恐怕今后难再见面了。辅佐太子之事，全部委托给诸君，望勿辜负朕的心意啊！"

领头的诸葛恪流着眼泪回答道："臣等受陛下厚恩，决心以死奉诏。但愿陛下安心休养，勿以政事为虑！"

孙权听了，脸上现出欣慰之色，他满心以为，如此安排非常妥帖周全，可保大吴江山安全无虞，却根本没有想到自己种下的，乃是一个巨大的恶果。

接着，他又下令：此后除生杀大事须向自己上奏外，其余一切政事，皆由诸葛恪负责协调和处理。也就是说，从现在起，诸葛恪就将像他的叔父诸葛亮主持蜀汉政务一样，开始执掌孙吴的国政了。嘱托已毕，孙权又令太子孙亮与五人相见。做完这一切，孙权的目光渐渐呆滞，不久又陷入昏迷之中。

次日凌晨，吴国皇帝孙权，抛下数千里锦绣江山，以及一个父母双亡、稚气未脱，年仅十岁的孤儿皇太子孙亮，瞑目长逝。按照古代使用虚岁计算年龄的惯例，他终年七十一岁。其庙号定为"太祖"，谥号定为"大皇帝"。

当年七月，孙权被安葬在建业东北郊的蒋山南麓，其陵墓称为"蒋陵"。现今其陵墓依然留存，在江苏省南京市东北郊外钟山风景区的梅花山一带。

　　孙权的生命虽然终止，他的故事却还不能结束，因为他生前所种下的恶果，还要发芽开花。要想了解他的全貌，不可不略知其身后之事，也就是孙吴政权的悲惨结局。这正是：

　　　　丢下江山含恨去，金陵王气黯然收。

　　要想知道孙权生前种下的恶果，又会发出什么样的芽，开出什么样的花，又造成孙吴政权何种悲惨的结局，请看下文分解。

第十五章

王气黯然

孙权死后，吴国的历史只延续了二十八年即告结束。在这二十八年之间，孙吴的政坛上，君杀臣，臣废君，君主相残，臣僚互杀，一派刀光剑影，接连血雨腥风。一直杀得江山改姓，王气黯然，这才不得不收了手。孙吴政局的巨变，国家寿命的迅速结束，深究其原因，乃是源于孙权本人生前种下的巨大恶果。

自相残杀，是从孙权死后的第二天就立即开始的。

神凤元年（252年）四月二十六日乙未这一天凌晨，孙权咽气长逝之时，五位辅政大臣，只有原本就是侍从之臣的中书令孙弘和侍中孙峻在他身旁守候。这孙弘素来与诸葛恪不和，因为孙弘最初是鲁王派的中坚人物，后来又支持潘妃之子孙亮夺取继承权，这些都被废太子孙和的舅父诸葛恪看在眼里，记在心中。孙权一死，孙弘知道诸葛恪不会善待自己，思来想去，决心抢先下手。于是，他命令宫内人员不准向外透露皇帝的死讯，同时，又调集禁卫兵马，计划以皇帝的名义下诏，捕杀诸葛恪一家。

这一切当然瞒不过主管宫廷警卫的孙峻。经过一番利害权衡，他决定把孙弘的阴谋透露给诸葛恪。他的如意算盘是这样：孙弘一介书生，恐怕很难把手握军政大权的诸葛恪送到阴曹地府去陪伴老皇帝。如果孙弘失败，诸葛恪一定会把与孙弘一同随侍老皇帝的自己当作孙弘的同谋收拾掉。反之，手握朝廷大权的诸葛恪要杀孙弘，却易如反掌。孙弘一死，诸葛恪感激自己，必定会把宫内事务交我一人负责。到那时再抓机会发展势力，岂非万全之策？

诸葛恪得到孙峻的密报，不露声色。他立即派人去请孙弘到大将军府，议论军机大事。孙弘毫无戒备，应约前来。他刚在客厅落座，诸葛恪陡然收住笑容，厉声问道："皇上昨日凌晨驾崩，你秘而不宣，居心何在？"

孙弘大惊失色，无言以对。诸葛恪将手一挥，顿时有十余名甲兵一拥而上，把孙弘拉到天井的角落，用乱刀砍死后，抛尸郊外。至此，孙权尸骨未寒，辅政大臣先已倒下一人。

诸葛恪除掉孙弘，随即向天下发布讣告。接着，在四月二十八日丁酉，即孙权病死两天之后，十岁的孤儿皇太子孙亮继位。诸葛恪则以皇帝太傅的身份执掌朝政。孙峻被任命为侍中兼禁卫军司令官，负责皇宫之内的一切事务，他如意算盘的第一步，果然如愿实现了。

陈寿对于蜀汉丞相诸葛亮辅佐刘禅的政绩，曾经有高度的赞颂，认为他几乎可以与前代的施政名臣管仲、萧何相媲美，他说：

> 诸葛亮之为相国也，抚百姓，示仪轨，约官职，从权制，开诚心，布公道。庶事精练，物理其本，循名责实，虚伪不齿，可谓识治之良才，管、萧之亚匹矣。

意思是说，诸葛亮担任丞相治理蜀国，安抚百姓，向他们宣布礼仪法规；精简官职，采用合乎时宜的制度；显示诚心，办事公道；竭尽忠心，对社会做出贡献的，即使是仇人也必定奖赏；触犯法律，做事懈怠不认真的，即使是亲近的人也必定惩罚；承认罪过，表示悔改诚意的，即使罪过严重也必定释放；对罪过用花言巧语掩饰的，即使罪过较轻也必定处死；好人好事哪怕再小也要表彰，坏人坏事哪怕再小也要贬斥；精通熟习各项政事，对民众从根本上加以治理；要求实际与名义相符合，不允许弄虚作假。之所以最终在蜀国的辖境之内，人们都敬畏他而又热爱他，刑律和政治虽然严厉而毫无怨言的原因，就在于他用心公平而勉励告诫十分明确啊。他真可以说是懂得治理国家的优秀人才，能与管仲、萧何相媲美的人物了！

同样是这一位陈寿，他对诸葛亮亲侄儿诸葛恪秉政之初的作为，比如去除监视臣僚动态的耳目，撤销校事官员，原谅拖欠赋税的民众，免去征收的关税，等等，也有一番赞扬说：

于是罢视听，息校官，原逋责，去关税，事崇恩泽，众莫不悦。恪每出入，百姓延颈，思见其状。

说是诸葛恪执政之后，遣散充当皇帝耳目的人，停止中书校事的官制，又免除老百姓拖欠的赋税，停止在关隘收取过路费：各项公事的办理都力图给老百姓恩惠，大众无不喜欢。诸葛恪每次出外，百姓都伸长脖子仰望，想看清楚他是什么样子。

由此足见诸葛恪初掌朝政之时，确确实实想效法其叔父诸葛亮，做出能够流芳百世的大功业。可惜的是，在个人德行的修养上，他和乃叔相差甚远，这就注定他的事业，甚至于他的生命，都有善始而无善终了。后人称"诸葛一生唯谨慎"，是说孔明先生处理国事慎重认真。不是一时的慎重认真，而是一辈子都慎重认真。反观诸葛恪，他本来就有骄傲和粗疏的毛病，成为首席辅政大臣之后，更是心高气傲，不可一世。当初他受召从武昌赴建业辅政时，上大将军吕岱前来送行。九十一岁的吕岱，是国家元老重臣，又是诸葛恪之父诸葛瑾的好友，声望极高。他出于爱护之心，叮嘱晚辈诸葛恪说："如今国事艰难，你当朝执政，每事应当思考十遍才好啊！"

诸葛恪马上回嘴说："昔日季文子做事总是三思而后行，孔子却说'再思可矣'。现今老前辈要我凡事应当十思，意思不就是说我诸葛恪无能，比不上古人么！"

当时就把吕岱顶得无言以对。如此骄矜之人，执政之初做得兢兢业业，其实都是一种矫饰，不久就会故态复萌。果不其然，内政刚刚有所稳定，诸葛恪就急于在对外战场上建立赫赫武功。当年年底，他征发大军在濡须水（在今安徽省含山县西南）一线与七万魏军接战，获得大胜，从此即有轻敌之心。次年三月，诸葛恪又再动员二十万大军进攻合肥。结果敌城久攻不下，吴军又痢疾流行，"病者大半，死伤涂地"，只好狼狈退军。十月份归来之后，诸葛恪责怪下属不能尽力，严加追查惩罚。同时又下令动员大军，准备从下游广陵（今江苏省扬州市西北）方向进攻曹魏。这样一来，弄得上下怨恨，人心大失，而诸葛恪却晏然自若，不以为意。

这时，有一个人觉得自己行动的时机已到，立即开始为诸葛恪编织一张死亡之网。此人非他，即是诸葛恪颇为感激的孙峻。

孙峻利用职务之便，悄悄告诉小皇帝，说是太傅准备杀死皇上，把被废黜的太子孙和接回来当皇帝。十一岁的孙亮一听，当场吓得浑身发抖，忙问这位比自己还要矮一辈的大侄儿怎么办？孙峻附着小皇帝的耳朵说了一番，小皇帝连连点头。于是，孙峻立即去安排一切。

不久，有两名皇宫使者来到诸葛恪的府邸，传达皇上的旨意道："太傅出征，备尝辛苦。陛下有旨，明日请太傅进宫，将设御宴慰劳。"

　　诸葛恪拜伏谢恩后，当天晚上觉得精神躁动不安，辗转反侧，夜不能寐。次日早起洗漱之时，又闻到水有腥臭之味。他命人把水换过之后，腥臭依然。诸葛恪心中就有几分不愉快。及至出门上车前往皇宫时，他所豢养的爱犬竟然咬住他的衣角，不让登车。诸葛恪命随从牵走爱犬，随即登车出发。

　　诸葛恪刚刚进入宫门，即有两名熟悉的宫廷官员悄悄告诉他："今天宫中戒备森严，情况异常，恐有变故发生！"

　　听到这个意外情况，诸葛恪慢慢停住脚步。这时，将军滕胤从宫内出来，正好碰见诸葛恪。诸葛恪与滕胤是儿女亲家，关系亲密，所以立即把刚才听到的意外情况告诉滕胤。滕胤劝亲家翁立即离开皇宫回家，以免发生意外。诸葛恪考虑一阵，很自信地说道："孙峻这个小子，能有什么作为！最多不过是在酒食中下毒而已。我随身带有自配的药酒，不必为我过虑！"

　　说完，诸葛恪与滕胤告辞，带领随从入宫。到了正殿，随从被留在殿门之外，诸葛恪单身带剑上殿。朝见皇帝之后，诸葛恪入座，酒宴开始。在旁作陪的孙峻先对诸葛恪说："太傅玉体欠安，自可饮用随身带来的药酒好了。"

　　听了孙峻颇有人情味的关照，诸葛恪放下心来。酒过三巡，小皇帝发话要更衣。所谓"更衣"，当时是上厕所的代称。孙峻立即起身扶皇帝进入内室，然后在厕所中迅速脱去长袍，露出甲胄，然后提刀在手，出室厉声叫道："皇帝有诏逮捕诸葛恪！"

诸葛恪大吃一惊，立即站起身来拔剑自卫。说时迟，那时快，诸葛恪的佩剑还没有完全拔出来，武勇过人的孙峻已经冲上前去，刀光闪处，诸葛恪已经被砍翻在地，当场身亡。于是，孙权死后刚好一年半，他所指定的首席辅政大臣，也成了刀下之鬼。

诸葛恪一死，孙吴的军政大权全部落入孙峻之手。他自任丞相、大将军，出将入相，好不威风。他在皇宫之中任意出入，奸淫宫女，还和属于母辈的大公主孙鲁班私通，俨然是吴国的皇帝一般。可惜好运不长，孙峻风光了刚好三年，突然发作了心绞痛的重病，卧倒在床。病中，他多次梦见浑身血污的诸葛恪向他讨还命债，令他惊恐万状，不久就一命呜呼了。

孙峻死前，把一切权力交给堂兄弟孙綝。吕据和滕胤这两位还健在的辅政大臣，岂肯低头由无名之辈调度？于是合谋起兵攻取孙綝。不幸兵败，两人被杀不算，还株连了三族，于是数百无辜者死于非命。

这时，孙亮已经十六岁，不甘心做傀儡皇帝，密谋铲除孙綝。谁知事机不密，走漏了风声，孙綝立即抢先发兵围住皇宫。小皇帝闻讯大怒，持弓上马，高声骂道："朕乃先帝之嫡子，在位已有六年，谁敢不服从我！"

侍从之臣和皇帝的乳母，见小皇帝要出宫拼命，一齐上前拦住。孙亮不能出宫，气得两天不饮不食。孙綝遂以"少帝荒病昏乱，不可以处大位、承宗庙"为由，废黜孙亮，降格为会稽郡王，送到封地会稽郡（治所在今浙江省绍兴市）去居住。然后改立孙权第六子孙休为帝。

古代皇朝的幼主继位，最要紧的是要选好辅弼大臣。刘备选准了诸葛亮，儿子刘禅得到诸葛亮的全力扶持，蜀汉政局虽然曾有动荡，却能很快转危为安，并且呈现出中兴之势。孙权选择托孤之臣出现重大失误，结果死后才六年，辅政大臣即全数死亡不存，继承人也被拉下了皇帝的宝座，已经令人唏嘘不已；再加上诸葛亮与诸葛恪同为诸葛家族的成员，因为命运安排，先后辅弼蜀、吴二国的幼主，由于品德和才能上的悬殊差异，叔父诸葛亮后来是"大名垂宇宙"，侄儿诸葛恪却死于乱刀之下，结局相差竟然有天渊之别，这就更加令人感慨万千了。

时年二十四岁的孙休登上帝位，对孙綝优礼有加。两个月后，皇帝设宴款待群臣，酒酣之际，突然一批全副武装的卫士涌入，把孙綝捆绑起来。孙綝情知不妙，赶忙叩头求饶。他想，自己曾经拥立孙休，孙休或许会刀下留情，于是，他表示自己愿意被流放到偏远的岭南交州（主要地域在今广东、海南省、广西壮族自治区）。

孙休马上反问："那你当初为何不把吕据和滕胤流放交州，而要杀死他们呢？"

"那我情愿充当官府的奴婢。"孙綝降低标准，进行哀求。

"那你当初为何不把吕据和滕胤罚作官府的奴婢呢？"孙休又反问。

孙綝见孙休一再提起自己当初诛杀吕据、滕胤三族之事，已知此番必死无疑，即不再言。当下卫士就将孙綝拖出斩首，其三族亦被诛戮无遗。

附带介绍一下，中国古代所谓的"三族"，说法很多。但是在汉末三国时期，准确的含义是指罪犯的父母、妻室儿女、同胞兄弟这三类亲属群体。

孙休杀了孙綝党羽，随即任命亲信濮阳兴为丞相，张布为左将军，分掌朝廷政务和宫禁警卫事务。孙吴的政局，至此才算稍微安定了一段时间。后来，民间有谣传，说是被废黜的孙亮，将要从封地会稽郡回转京城再登上皇帝的宝座，孙休便将老弟孙亮贬为侯爵，送往更加偏远的新封地，即侯官县（今福

建省福州市）。途中，又授意押解官员将其毒死，对外则宣布
为孙亮自杀。竟然对小兄弟痛下毒手的孙休，自己的寿命也不
长久，当了六年皇帝就突然病死，终年仅三十岁。

孙休死时，留下的四个儿子都很年幼。这时，西边的蜀
汉政权刚刚被曹魏消灭，孙吴南边的交州又发生了大规模叛
乱，孙吴政局内外交困，群臣一致主张另外选择和拥立一个
成年的君主。选来选去，选中了被废黜太子孙和的长子孙皓。
孙皓时年二十三岁，群臣听说他非常好学，遵守法度，以为
真的是如此。于是，孙吴的最后一位君主便粉墨登场。

孙皓登基后，立即仿效孙休的办法，把扶持自己的旧臣
濮阳兴、张布送上了西天，另外培植自己的势力。当年因为
拥护太子孙和而备受打击的家族，其子弟最受孙皓的青睐。
孙皓站稳脚跟之后，便渐渐暴露出他的"庐山真面目"。

原来，孙皓本是一个酷好酒色、粗暴残忍、心胸狭隘、
好大喜功、师心自用这样"五毒俱全"的角色。以往他的处
境不佳，跟着父亲倒了霉，所以有所克制。外人乍一看，还
觉得他真的是一位良善之辈。如今，他平步青云，位登九五
之尊，无所顾忌，一切恶劣品质都充分显现出来。孙皓在位
前后不过十七个年头，但是由于他的"表现"出色，竟然成
为三国时期最为荒淫酷虐的君主。他的恶劣表现甚多，此处

不妨略加介绍。

第一点是借酒施虐。孙皓好酒，而且特别喜欢与群臣共饮。不过，孙皓的酒宴却比楚霸王项羽的鸿门宴还要厉害，人人视为畏途。首先，孙皓宴饮群臣，规定人人必须饮至沉醉方止，谁不奉命，小心脑袋搬家。其次，饮酒之中，群臣还要相互挖苦，彼此揭发对方的老底，以助皇帝的酒兴，不从者重罚。酒宴完毕，参加者想立刻回家行么？不行！有十名自始至终在旁观察的监酒官，这时开始向皇帝报告，谁饮酒时转头注视了皇上，谁说话措辞不妥，谁假装喝醉等。轻者挨一顿皮鞭，重则取尔的性命。既要你喝得酩酊大醉，又不允许你有半点的失态，这种酒宴不是比鸿门宴还可怕么？其实，孙皓就是想借酒施虐，借酒整人，从而树立自己的威风。中书令张尚，能言善辩，孙皓暗怀忌恨。一次宴会，孙皓问张尚："我的酒量可以和谁相比呢？"

张尚恭恭敬敬地答道："陛下有百觚之量。"

古书中记载，前代的圣贤多能饮酒，有所谓"尧饮千钟，孔子百觚"的说法。觚为酒器，一觚约有二升，百觚就是二十斗。孔子能饮百觚，这酒量已经是相当惊人了。张尚说孙皓有"百觚之量"，一是说他酒量超人，二是说他有圣人之德，原本是十足的恭维话。谁知孙皓一听，把眼一瞪，骂道："你张尚明知孔子没有当过帝王，却拿我来比他，你的居心何在?"

当时他就命人把张尚抓起来要处死。朝廷公卿百余人赶紧跪下向孙皓求情，仍然未能挽救张尚的生命。群臣见孙皓视百官如草芥，无不心灰意冷。

第二点是随意迁都。孙皓即位之后，有望气者上言，说是荆州新近出现了一股帝王之气，这股气破除了扬州建业（今江苏省南京市）的帝王之气，所以现今必须要向荆州迁都，才能免除灾祸。于是，孙皓不顾臣僚的反对，将都城向西迁到了旧都武昌（今湖北省鄂州市）。迁都之前，先遣特使征调大量百姓，把荆州地界内所有大臣名门的陵墓中，凡与山冈相连的地面都一一挖断，以斩断其地脉的灵气。迁都之后，一切物资供应都要百姓从下游的扬州运过去。而孙皓宫廷的人员数量众多，又奢侈无度，物品供应任务繁重，弄得民怨沸腾，以至于当时小儿有童谣云:

宁饮建业水，不食武昌鱼。宁还建业死，不至武昌居。

后来伟人诗词的名句"才饮长沙水，又食武昌鱼"，即由这一民谣的前两句推陈出新而来。然而迁都武昌才不过一年多一点，孙皓又觉得扬州帝王之气再度萌生，下令还都建业。这一去一还，耗费的民脂民膏难以计算，以至于弄得"国无一年之储"。孙皓却晏然自若，不以为意。

第三点是大建新宫。孙皓还都建业之后，认为原来的皇宫太初宫，已经被荆州流过来的帝王之气冲刷过了，继续居住在其中将对自己不利，就下令在太初宫的东边，建造一座更为巨大豪华的新宫殿——昭明宫。昭明宫见方五百丈，而当时的一丈，相当于现今的 2.4 米，五百丈约合今 1 200 米，规模相当惊人。对仅有三州之地的孙吴而言，在其强盛时期兴建如此规模巨大的建筑，国力亦将难以承受，何况是在此衰微之时。孙皓下令：除了高级官员之外，所有官吏都要带领百姓进山采伐木材。昭明宫不仅规模巨大，而且内部豪华侈丽，耗费的人力和物力，又是一笔民众难以承受的沉重负担。丞相陆凯一再上表谏阻，孙皓都置之不理。后来，他索性下了一封诏书给陆凯，上面说："你的进谏，大道理不错，可是不合朕意。为什么呢？旧的太初宫对我不利，我因为耗费大，就该长坐在不利的宫殿中么？君臣如父子，请问父亲心中不安的话，儿子还有什么倚靠呢？"

年近古稀的老丞相陆凯，读了这封不讲道理的诏书，顿时泪如雨下。

第四点是残害忠良。孙皓这个皇帝行为极其恶劣，但是，在他身边的侍从之臣却不乏忠贞正直之士。他们明知有生命危险，仍然敢于批逆龙鳞，直言进谏，令人钦敬！孙皓对这些最忠于孙吴的敢言之士，办法只有一个，那就是刀斧侍候，格杀勿论！侍从的近臣王蕃、贺邵、楼玄、韦昭等人，都因说了逆耳之忠言而惨遭杀害。王蕃被斩首后，孙皓又令左右卫士，把王蕃的头颅抛来掷去，作为玩乐。贺邵死得最惨。孙皓令人把铁锯放在火上烧红之后，再用铁锯慢慢截断贺邵的颈项，其惨状令人不忍目睹。

第五点是信任小人。凡是仇视忠良者，莫不亲近小人。孙皓所宠信的何定，本是市井无赖，其后却被任命为楼下都尉，专门监督朝廷百官。此人飞黄腾达的诀窍，在于为孙皓物色了一批良种犬只。原来孙皓爱犬成癖，何定在宫中当差时，就假借皇帝名义，要各地的军队将领贡献"御犬"。地方军官不敢违旨，派人四处寻找捕捉，几乎在国内掀起一场捕犬运动。不久，一批身高腰细、奔跑如飞的良种猎犬，终于聚集在孙吴皇宫。或黑或白，或灰或黄，猖猖狂吠，弄得皇宫不像皇宫，倒像是大型的犬市了。孙皓见了满心高兴，连连夸奖何定忠心能干。从此何定一步登天，由一名贱役升为督察百官的楼下都尉，也就是朝廷的总检察长。何定得势后，想为儿子求一名门之女作妻室。他向少府卿李勖提亲，李勖看不起这位"狗都尉"，一口回绝。何定恨得咬牙切齿，就在孙皓面前大说李勖的坏话。孙皓遂下令诛杀李勖的全家，而且焚尸扬灰。何定之后，又有陈声、张俶等无赖小人受到孙皓的重用，把朝政搞得一塌糊涂。

与夏桀王、殷纣王这些暴君相比，孙皓可谓毫不逊色。他的出现，令人确实怀疑，是不是上天有意要使孙吴亡国了。好在孙皓在位的前十年间，有两位忧国忧民的大臣全力撑持，孙吴的政权才能危而不倒，险而未倾。

这两名大臣，一位是陆抗，另一位是陆凯，他们是同宗。陆抗，字幼节，乃孙吴元勋陆逊之长子。孙皓在位，他一直率重兵镇守荆州上游，官至大司马，是孙吴军队的主帅。陆抗足智多谋，威震敌国。他在世时，先后消灭了蜀汉、曹魏的西晋，一直不敢从西面进攻孙吴，以致后世有"陆抗存则吴存，陆抗亡则吴亡"之说。陆凯，字敬风，是陆抗的族兄。他在孙皓前期任丞相，总领朝政，立朝正直，敢于犯颜直谏。由于他的族弟陆抗统领重兵在上游，所以孙皓杀这个，杀那个，就是不敢杀陆凯这个眼中钉、肉中刺。但是，这一文一武去世之后，犹如将倾之大厦又失掉了两根主要支柱，孙吴的政局迅速恶化，覆灭已是指日可待了。

公元279年冬十月，西晋司马氏皇朝出动六路大军，共二十余万众，大举伐吴。其中，益州刺史王濬所率领的水军，声势浩大，行动迅速。王濬在益州（主要地域在今四川、云南、贵州、陕西省），花了七年的时间打造东下的战船。最大的战船，亦即所谓的"楼船"，长一百二十步，上下数层，可容二千精兵之多。听说王濬船队要扬帆东下，孙吴军队急忙在三峡中设置横江铁索阻挡前进。王濬也有对策，他先以大筏数十艘在前开路，筏上安置大火炬，遇到铁索时即以火炬烧断。船队一冲出三峡，即以一泻千里之势东下扬州。沿江的孙吴官兵，早已与孙皓离心离德，都不愿作殊死抵抗。次年，即公元280年的春三月十五日壬寅，王濬水军最先抵达建业城下。孙皓惶恐无计，上下离心，只得在江边的石头城上，打出一片片表示投降的白色旗幡，率众投降。延续了八十六年的孙氏政权（从孙策攻取江东算起），建立了六十年的大吴王国（自孙权称吴王算起），至此即曲终人散，寿终正寝也。

于是乎，孙吴拥有的扬、荆、交、广四州（此时从交州又分出广州），四十八郡三百八十二县地域，二百三十万人口，二十三万军队，二百八十万斛粮食，五千余艘舟船，五千余名宫女，全数归于西晋皇朝。自从东汉献帝初平元年（190 年）关东群雄起兵讨伐董卓而天下崩溃，继后又出现三国鼎立的九十年分裂局面，终于到此结束而重新归于统一了。

孙皓全家被强迫迁徙到北方的西晋首都洛阳。四年之后的西晋武帝太康四年（283 年）十二月，高级囚徒孙皓，客死在洛阳，做了异乡之鬼，死时四十二岁。

此前几年被孙皓逼迫而逃到西晋的孙秀，是孙皓的族弟。他得知吴国倾覆的消息，面向南方流泪长叹道："昔日讨逆将军（指孙策）二十岁时，率数千人即开创江东基业，而今却有人把整个江南半壁江山丢弃，宗庙陵墓，沦为丘墟。悠悠苍天，此何人哉！"

孙权一手建立的孙吴皇朝虽然覆灭了，但是对他本人一手创下的历史功业，依然应当给予客观而公正的充分评价。他在历史上影响深远的功业，主要有以下六个方面的"第一"。

一是在政治上，第一次在长江以南的江东地区开创了正规皇朝，从而为此后相继在江东建立的东晋、宋、齐、梁、陈五个皇朝，甚至包括再往后的南宋皇朝，奠定了模范性的基础，开启了后世艳称的"六朝金粉"时期，从而使得古代中国政治文化的主要基因，得以赓续而未曾断绝。

　　二是在经济上，第一次在长江下游江南广大的丘陵和山区之中，大力推行了全面而深入的经济开发，打造城市，设置郡县，推行屯田，成效显著。赤乌八年（245 年），动员三万精壮劳动力，在宁镇丘陵开凿了一条东西走向的主干性大运河，叫作破岗渎，西边连接京城建业，东面连接湖熟、毗陵等重要屯田区，沿河建立十四座"埭"，即提供舟船升降通过的船闸，充分保障都城建业的粮食和物资供应。这也为此后相继在江东建立的东晋、宋、齐、梁、陈五个皇朝，奠定了模范性的基础，从而为江南经济的全面大发展，中国古代经济中心的南移，以及江南文化的大发展，起到了先导性的正面作用。现今我们在赞叹长三角地区经济繁荣昌盛的时候，不应当忘记孙权的名字。

　　三是在经济上，第一次在岭南地区进行了有效开发。黄武五年（226 年）派遣大将吕岱平定岭南的交州，并且分出交州一部分地域新设置一个广州，这是"广州"这一地名最早在历史上出现。现今我们在赞叹珠三角地区经济繁荣昌盛的时候，同样也不应当忘记孙权的名字。

　　四是在走向东海上，第一次派遣大型万人船队出海寻求"夷洲"，即今台湾本岛。黄龙二年（230 年），船队带回夷洲居民数千人，从而写下了大陆与台湾发生关系的第一页。

五是在走向南海上，第一次派遣大将吕岱，在新设置广州的同时，陆续安排使者带领船队，出访南海的扶南（今柬埔寨）、林邑（今越南南部）等上百个国家，开启了我国最早走向南洋的亮丽篇章。

六是在城市建设上，第一次在长江以南的地区，打造出具有"龙盘虎踞"宏大开阔气象的帝王之都，这就是建业，即今江苏省南京市。建业此前属于扬州丹杨郡下属秣陵县的地界。秣陵县最初只是普通县级城市，连郡治都还算不上。建安十六年（211 年），孙权将政权机构迁到秣陵，第二年开始修建石头城，作为秣陵西北面的坚固屏障，并将秣陵改名为"建业"，意思是开始建立政治上的宏大事业。而这里城市建设的宏大事业，也在改名之后全面开始。此前的两汉时期，江东的中心城市是吴县，即今苏州市。司马迁《史记》中列举江东的繁华都会城市，只有吴县一处。经过孙吴的打造和经营，建业在城市建设、经济开拓、文化发展、交通布局等诸多方面，都全面取代了吴县，成为当时长江中下游南半部中国的中心性城市。西晋文豪左思的名篇《吴都赋》，对建业城市宏大气象的详细描绘，就有全面生动的描绘。比如赋文描绘城中南北走向的主干大道，长达七里，名叫"苑路"。两旁不仅官署和军营林立，而且绿化非常漂亮：

> 朱阙双立，驰道如砥；
>
> 树以青槐，亘以绿水；
>
> 玄荫耽耽，清流亹亹。

翻译成白话诗句就是：

> 朱红色的双阙高高挺立，皇家专用大道像磨
> 刀石一样又直又平；
>
> 道路两旁是青青的槐树，而槐树下的小河向
> 远方不断曲折延伸；
>
> 浓密树荫送来阵阵清爽，清澈河水欢快地不
> 停流淌，淙淙有声。

这就是一千八百年前建业城市的亮丽风景线，多么优美漂亮，令人向往啊！

孙权的上述丰功伟业，即便放在整个三国时期的君主当中，也堪称是无人能够相媲美的，这就是笔者对他的总体评价了。

五百余年后的唐穆宗长庆年间，著名诗人刘禹锡来游江南，进入金陵，登石头城，眺望大江。因思吴国兴亡之事，

不禁感慨系之。不久，刘禹锡与诗友元稹、白居易相聚于白居易处。欢饮之际，以《金陵怀古》为题，各赋七言律诗一首。刘禹锡痛饮一杯后，提笔即将胸中蓄积已久的感慨写出。白居易读了，推为座中探骊得珠的最佳之作。后世也将其视为咏诵孙吴兴亡史事的不朽名篇。此处引录全诗，作为对江东皇帝孙权一生的挽歌。诗云：

> 王濬楼船下益州，金陵王气黯然收。
>
> 千寻铁索沉江底，一片降幡出石头。
>
> 人世几回伤往事，山形依旧枕寒流。
>
> 今逢四海为家日，故垒萧萧芦荻秋。

全诗感慨深沉，辞彩斐然，确实不愧为大手笔！这正是：

> 英风霸业今何在？化作悲凉八句诗。

本书到此结束，如果读者诸君意犹未尽，请看本系列的其他作品。

附录一

孙权大事年谱

公元	干支	帝王年号	大　事
182	壬戌	汉灵帝 光和五年	出生，虚岁一岁。祖籍扬州吴郡富春县。父亲孙坚，大哥孙策。
190	庚午	汉献帝 初平元年	九岁。关东州郡起兵讨伐董卓，其父孙坚参加，任破虏将军、豫州刺史，率军攻入洛阳，迫使董卓迁都长安。
191	辛未	初平二年	十岁。孙坚进攻荆州的刘表，在襄阳岘山中箭身亡，时年三十七岁。

公元	干支	帝王年号	大　　事
195	乙亥	汉献帝 兴平二年	十四岁。其兄孙策领兵南渡长江，开始攻取江东。先后攻占丹杨、吴郡、会稽、豫章、庐陵五郡，又攻占江北的庐江郡，奠定孙吴政权的初始基业。
200	庚辰	汉献帝 建安五年	十九岁。孙策被刺杀身亡，时年二十六岁。孙权继承基业，成为江东新主。先行巩固内政，再谋向外发展。
208	戊子	建安 十三年	二十七岁。第三次进攻荆州江夏郡，攻灭黄祖，势力向西扩张到上游的荆州。曹操大军南下荆州，孙权与刘备势力联盟，大破曹军于赤壁。曹操退回北方后，孙权与刘备分割荆州大部分地域。亲自率军渡江，进攻淮南的合肥，不久退军。
209	己丑	建安 十四年	二十八岁。部将周瑜攻占江陵，任命周瑜为南郡太守。被刘备推举为车骑将军，兼领徐州牧。推举刘备兼领荆州牧，驻屯于公安县。将胞妹许配刘备并完婚。将治所从吴县迁到京，后世称为京口。
210	庚寅	建安 十五年	二十九岁。刘备偕孙夫人至江东，孙权会见刘备于京。周瑜死，听从鲁肃建议向刘备出借荆州之军事要地南郡。
211	辛卯	建安 十六年	三十岁。将治所从京迁到秣陵县。刘备应益州牧刘璋之邀，从公安率军数万进入西面的益州，孙夫人回转江东，两夫妇从此分离。

公元	干支	帝王年号	大　　事
212	壬辰	建安十七年	三十一岁。建造石头城，改称秣陵为建业。为预防曹军南下，建造濡须坞，扼守长江与巢湖的水上通道。
213	癸巳	建安十八年	三十二岁。曹操率军大举进攻濡须水道，未能得手，被迫退军。
215	乙未	建安二十年	三十四岁。因刘备已占领益州，孙权派遣特使诸葛瑾前往成都，索还所借南郡等地，未果，于是命令吕蒙出兵争夺荆州。不久，双方议和，以湘水为界，中分荆州：湘水以西三郡，属刘备，湘水以东三郡，属孙权。孙权亲自率军进攻合肥，被曹军将领张辽袭击，侥幸脱险。
217	丁酉	建安二十二年	三十六岁。鲁肃死。孙权听从吕蒙建议，将战略进攻方向从北面曹魏的淮南，转移到西面刘备的荆州地域。派遣特使徐详出使曹操，称臣降服，麻痹对方，缓解北面的压力，同时积极筹划袭取荆州的关羽。
219	己亥	建安二十四年	三十八岁。趁关羽尽锐北攻襄阳、樊城之机，孙权派遣吕蒙、陆逊等，全力偷袭荆州。关羽被杀，吴军攻占刘备湘水以西的荆州三郡，势力扩张到长江上游的三峡东口一线。
220	庚子	魏文帝黄初元年	三十九岁。曹操死，其子曹丕继位，代汉称帝。孙权继续向曹魏称臣纳贡，麻痹对方，同时准备对付西面刘备的进攻复仇。

公元	干支	帝王年号	大　　事
221	辛丑	黄初二年	四十岁。刘备称帝于成都。孙权将治所从建业迁到上游的鄂县，并改称鄂县为武昌，在武昌周围建造城池，加强防御。接受曹丕的吴王封爵。刘备亲率大军东下复仇，进驻秭归。孙权派遣陆逊领兵五万迎战。
222	壬寅	吴王黄武元年	四十一岁。闰六月，陆逊大破蜀军于夷陵之猇亭，刘备逃回蜀汉境内的永安。因西方威胁彻底解除，孙权开始与北方的曹魏决裂。曹丕出动三路大军南下进攻，于是改用"黄武"年号，正式独立，重新开始建立与蜀汉的交往关系。
223	癸卯	黄武二年	四十二岁。曹魏三路大军退兵。刘备病死，刘禅继位，丞相诸葛亮全面执掌国政。孙权接见蜀汉特使邓芝，全面恢复两国友好关系。
224	甲辰	黄武三年	四十三岁。曹丕亲率大军南下伐吴，到达长江一线后返回。
226	丙午	黄武五年	四十五岁。出兵控制岭南的交州，并分出交州一部分地域设置广州，势力扩张到南海之滨。广州这一地名首次出现。
228	戊申	黄武七年	四十七岁。亲自前往皖口督战，主将陆逊大破曹军于石亭，淮南方向的曹魏威胁大为缓解。
229	己酉	吴大帝黄龙元年	四十八岁。四月十三日丙申，在武昌称帝，改元黄龙。蜀汉特使前来庆贺，双方正式结盟，约定中分天下。九月，将都城迁回建业，留陆逊辅佐太子孙登，镇守武昌。

公元	干支	帝王年号	大　　事
230	庚戌	黄龙二年	四十九岁。派遣大型万人船队出海寻求夷洲，带回夷洲居民数千人，为史籍中记载大陆与台湾发生关系之始。
233	癸丑	吴大帝嘉禾二年	五十二岁。派遣万人船队，前往辽东封赏公孙渊。被公孙渊斩杀特使，没收所有物资、船只。
237	丁巳	嘉禾六年	五十六岁。设置中书校事，监察执政大臣顾雍、陆逊、潘濬等人，君臣之间开始产生矛盾。
241	辛酉	吴大帝赤乌四年	六十岁。皇太子孙登死亡。
242	壬戌	赤乌五年	选立孙和为皇太子，但又宠爱孙和之弟鲁王孙霸。孙和、孙霸争夺继承人的"二宫构争"从此开始，朝臣随之分裂为两派，政治危机显露。
245	乙丑	赤乌八年	六十四岁。拥护皇太子孙和的大臣顾雍、陆逊等人，先后遭受严厉打击，陆逊愤怒绝食而死。孙吴政局开始由盛转衰。
250	庚午	赤乌十三年	六十九岁。废黜皇太子孙和，鲁王孙霸被赐死，改立宠妃潘氏之子孙亮为皇太子。
251	辛未	吴大帝太元元年	七十岁。五月，立宠妃潘氏为皇后。八月，大风，江海涌溢，平地水深八尺，城门飞落。十一月，到建业南郊祭天祈福，回宫后病重不起。

公元	干支	帝王年号	大　事
252	壬申	吴大帝 神凤元年	七十一岁。二月，皇后潘氏被宫女杀死。四月二十六日乙未，孙权病逝于建业皇宫，被谥为"大皇帝"，庙号"太祖"。诸葛瑾之子大将军诸葛恪，受遗诏辅佐十岁的幼主孙亮，执掌朝政。八月，安葬孙权于建业东北郊蒋山之蒋陵。
258	戊寅	孙亮 太平三年	十六岁的皇帝孙亮被权臣孙綝废黜，孙权二十四岁之子孙休继位为帝。
264	甲申	孙休 永安七年	孙休死亡。孙权之孙，即废太子孙和之子孙皓继位，时年二十三岁。
280	庚子	孙皓 天纪四年	三月十五日壬寅，西晋大军进攻建业，孙皓投降，孙吴灭亡。三国鼎立局面至此正式结束，天下重归统一。

附录二

三国知识窗·概况篇

总体的发展阶段

　　时间、空间和人口，是构成历史的三大基本要素。要想了解三国，先要弄清楚时间的要素，即三国历史进程的总体发展阶段。三国历史进程的正式阶段，是从公元220年十月曹丕代汉称帝并改元黄初开始，到公元280年三月西晋灭吴统一天下结束，持续时间为60年。但是，正式阶段之前，还有一个酝酿阶段。酝酿阶段通常认为是从东汉灵帝中平元年（184年）黄巾大起事开始，此时的东汉皇朝全面衰败，开始进入"脑死亡"状态，而三国的创业者曹操、刘备、孙坚，都在此时以帮助朝廷镇压黄巾军为由，趁势招兵买马，走出刀把子里出政权的第一步。陈寿的《三国志》，就是从中平元年黄巾起事时写起。如果加上酝酿阶段，三国历史持续的时间为96年。这就是供给三方竞争表演的总体时间资源。

各国的地域

要想了解三国，还要弄清楚空间的要素，即三国各自控制的地域及其大小。三国是从东汉皇朝这块大蛋糕切分出来的。而东汉后期的顺帝之时，全国的地域，按照州、郡、县三级管理的行政区划系统，分为13州部，105郡国，1180县，另加一个从属的西域部分。发展到三国彼此之间的疆域基本稳定之时，曹魏占有其中的司隶校尉部，以及豫、冀、兖、徐、青、凉、并、幽8州，共计9个州部，再加一个从属的西域部分，切分的地盘面积最大。孙吴占有扬、荆2州的绝大部分，再加交州的全部，地盘面积次之。蜀汉仅占益州1州，地盘面积最小。《三国演义》中曾多次提到孙吴占据了"六郡八十一州"，这一说法在数量上并不正确，而且将郡的级别置于州之上，认为当时是以郡统州，这是对当时行政区划制度完全不熟悉的误说。以上就是供给三方竞争表演的总体空间资源。

各州部的主要地域

空间要素还有一个重要方面，即上面所说的东汉 13 州部及西域部分，究竟相当于现今的何地。就各自所辖的主要地域大体在现今何处而言，曹魏所占司隶校尉部，在陕西、河南、山西省；豫州在河南、安徽省；冀州在河北省；兖州在山东省；徐州在山东、江苏省；青州在山东省；凉州在甘肃省、宁夏回族自治区；并州在山西、陕西、内蒙古自治区；幽州在北京市、河北、辽宁省；西域部分在新疆维吾尔自治区。孙吴所占的扬州，在现今的上海市，以及江苏、浙江、福建、江西、安徽、台湾省；荆州在湖北、湖南、河南省，交州在广东、海南省、广西壮族自治区，以及香港、澳门特别行政区。蜀汉所占的益州，在现今的四川、云南、贵州三省，以及陕西省南部和重庆市。

需要指出两点：第一，东汉和曹魏时，京城洛阳所在的州，不称某州，而特别称之为"司隶校尉部"；其长官也不是州刺史或州牧，而叫作"司隶校尉"。司隶校尉除了担任当地的行政长官外，还特别负有监察举报京城地区官员不法行为的责任。而京城洛阳所在的郡，也不称某郡，而特别称之为"河南尹"。第二，在三国鼎立局面形成之后，各方又对自身范围内的行政区划，包括州、郡、县等，进行了许多变动和调整，从而与东汉时期有所不同。

各国的人口

要想了解三国，还要弄清楚人口这一要素的基本状况，即三国各自控制的人口数量。正史明确记载，东汉后期顺帝永和五年（140 年），全国有民众 970 万户，4915 万人。东汉末年，由于长期战乱和严重灾害的不断摧残，人口锐减了百分之九十，幸存的人口数量，只有原来的百分之十左右。在此基础之上建立起来的三国，虽然经过长时间的养育，民众总人口也未能达到东汉后期百分之二十的水平。蜀汉灭亡时，登记在册的仅有民众 28 万户，94 万人，控制的人口数量最少。孙吴灭亡时，登记在册的民众有 52 万户，230 万人，控制的人口数量超过蜀汉。曹魏灭亡时，估计民众有 66 万户，443 万人，控制的人口数量最多。大体而言，在人口数量上，孙吴是蜀汉的两倍，曹魏又是孙吴的两倍。三国的民众合计，为 146 万户，767 万人左右，只有东汉后期的百分之十五，还不到现今中国北京、上海两市常住人口的一半。但是，就这么一点人口，活动的声势却很大，还有种种著名事件传诵千古。这就是供给三方竞争表演的总体民众人口资源。

人口数字统计

为了行文简洁，上面的户口数字还只是以万为单位的约数。实际上，正史的记载是精确到个位的，即东汉有 9 698 630 户，49 150 220 人。如此精准的数字如何得来，当时是否有类似现今统计局之类的官方机构，值得一说。事实上，当时不仅有类似的官方机构，就连现今统计局的"计"字，也都是由此而来的。地方政府中负责统计本地人口者，是郡太守府署中的专门官吏，主管叫作计掾，助理叫作计吏、计佐。他们定期统计本郡下属各县登记在册的户口以及垦田数据，并在每年的规定时间，前往中央的主管部门进行汇报，称之为"上计"。中央的主管部门，通常是执政大臣当中主管民政的司徒府署，由他们负责对全国数据归总。以上数据，就是见于正史记载的归总统计，所以真实度和准确度都很高。

各国的军队数量

三国是一个用军队创业开路的时代，军队的数量，是国家总体实力的基本指标之一。正史明确记载，蜀汉灭亡之际，全国军队仅存 10 万人多一点，数量最少；孙吴灭亡之际，全国军队还有 23 万人，比蜀汉多出一倍。这两国的军队数量，大体上都相当于本国民众人口的百分之十左右。曹魏军队的数字，史籍没有明文记载，但如按照以上比例计算，其民众有 443 万人，则其全国军队应在 44 万人以上，数量最多。大体而言，军队也同民众人口一样，孙吴是蜀汉的两倍，曹魏又是孙吴的两倍。三国军队总数，应在 77 万人以上，而且都没有计算在各自的民众人口之内。这就是供给三方竞争表演的总体兵力资源。

各国的政权机器运作

三国的政权机器，都有临时和正规两个运作期。临时运作期的政权机器，只是武装组织的性质，没有王朝的正式名分，官员也主要按照军事机构的系统和名称进行配备。正规运作期的政权机器，则已具备王朝的正式名分，官员则按照正规王朝的系统和名称进行配备。两者的分界点，曹魏是在曹操称魏公时，蜀汉是在刘备称汉中王时，孙吴是在孙权称吴王时。要到三方正式称帝之后，成熟的正规运作期才算开始。

临时运作期的政权机器，按照出现时间的先后，曹魏是曹操的镇东将军府、大将军府和丞相府；蜀汉是刘备的左将军府；孙吴是孙策的讨逆将军府，孙权的讨虏将军府和骠骑将军府。此时，政权机器的主要功能是进行战争，扩张巩固地盘。

正规运作期，特别是称帝之后的成熟运作期，政权机器都由中央和地方的行政系统构成。中央行政系统，大体以丞相和九卿，或者三公和九卿为骨架。丞相或者三公是执政大臣，类似现今的国务院总理、副总理；九卿，类似国务院各部的正部长。地方行政系统，自上而下，有州、郡、县、乡、亭、里之分。此时，政权机器的主要功能是治理国家，发展经济，繁殖人口，推广教育，提高综合实力。在此基础上对外作战，实现统一天下的终极目标。

正史记载，蜀汉灭亡之际，各级官吏有 4 万人；孙吴灭亡之际，各级官吏有 3 万 2 千人。两国官吏数量与民众人口之比，是 1 比 24 和 1 比 72。曹魏的各级官吏数量，史籍没有明文记载，但如取以上两者的平均数 1 比 48 来计算，曹魏各级官吏约有 9 万 2 千人。三国合计，总数当在 16 万 4 千人以上，而且也都没有计算在民众人口之内。这就是供给三方竞争表演的总体官吏资源。

各国的都城

三国的都城中，一旦确定就不再变化者只有蜀汉，从刘备占据益州起，直到蜀汉灭亡，一直都在成都，即今四川省成都市。曹魏的都城，曹操当魏公、魏王时，是在冀州的邺县，即今河北省临漳县西南；至于豫州的许县，即今河南省许昌市东，则是安置汉献帝的东汉临时都城。曹丕代汉称帝后，都城定在司隶校尉部的洛阳，即今河南省洛阳市东；同时，又将西汉旧京长安（今陕西省西安市），曹氏家族的故乡谯县（今安徽省亳州市），以及许县改名后的许昌，曹魏第一个都城邺县，与洛阳并列为"五都"。孙吴的都城变动最大：孙权最先的政治中心在吴县，即今江苏省苏州市；后来北移到长江南岸边的京，即今江苏省镇江市；再移到建业，即今江苏省南京市；攻灭关羽占领荆州之际，有短暂数月移到上游的公安，即今湖北省公安县；孙权称吴王时再移到中游的武昌，即今湖北省鄂州市；最后再定在下游的建业，即今江苏省南京市。孙皓在位时，一度曾迁都武昌，不久又迁回建业，直到灭亡。

各国的正式国号

我们常说的魏、蜀、吴，是不是三国的正式国号呢？它们又是如何确定的呢？这也值得介绍。魏、吴二国，其正式国号真实无误。曹操最初突破传统制度，以异姓大臣身份晋封公爵，封地在冀州的魏郡，因此得名为"魏"。而吴的国号确定，一是孙权被魏文帝封为吴王时，其占有的地盘，主要是在春秋时期吴国的故地；二是他最早的政治中心吴县，即今江苏省苏州市，又是春秋时吴国的都城；三是他的故乡富春，即今浙江省富阳市，当时又属吴郡管辖。吴国、吴县、吴郡，都带"吴"字，故而国号得名为"吴"。但是，"蜀"是有问题的，而且问题很大！刘备自称上承祖宗的汉朝，所以正式国号依然定为"汉"，而非"蜀汉"，更不是"蜀"了。诸葛亮执政时与孙权结盟，正式公布的盟文就有"汉之与吴，宜有盟约"，"汉、吴既盟之后，勠力同心"，"若有害汉，则吴伐之；若有害吴，则汉伐之"的语句，这就是见于正史的确切证据。

为何后世又把刘氏政权称为蜀或蜀汉呢？称之为蜀，源自陈寿的《三国志》。在书中，他将刘氏政权称为"蜀"，其历史记载定名为《蜀书》，明确视之为地方性政权。陈寿这样做，实属不得已。他的《三国志》写于西晋统一时期，而西晋皇朝上承曹魏，曹魏上承东汉，这是他必须认同和彰显的正统。他如果再使用"汉"的正式国号来称呼，那就是以刘氏政权为正统，曹魏、西晋都成了来路不明的非正统政权了，如此不但写成的《三国志》将会被毁弃不说，连他本人都会问罪下狱。古人写史书，同样也要讲政治，否则风险很大。后世的史家，为了不与两汉的汉朝混淆，同时也兼顾历史事实，于是在"蜀"字后面加上一个"汉"字，称之为"蜀汉"。总之，刘氏政权的正式国号是汉，而非蜀或蜀汉。

各国的年号

历史上称王称帝者，总会确定和公布年号，其目的有政治意图上的宣示，也有记录时间的实际用途。三国各自公布的第一个年号，为何是黄初、章武、黄龙，与文化渊源直接相关。各国年号，照例是由朝廷相关官员先行拟就，再报君主批准后向外公布。曹丕称帝定的年号"黄初"，孙权称王定的"黄武"，称帝定的"黄龙"，都带一个"黄"字，这源自当时"五德终始"的政治文化理论。该理论认为：历史上王朝的兴替，是按照木、火、土、金、水五行相生的循环顺序进行，并与相符合的颜色对应；汉朝属火，对应红色；火生土，继起的王朝属土，对应黄色。相对于东汉皇朝而言，异姓家族建立的魏、吴，都是改朝换代的"革命"，所以年号都带"黄"字，以示自己才是正统所归。只有同姓家族建立的蜀汉，打的是"兴复汉室"旗号，并非改朝换代，而是继承祖业，所以刘备不用"黄"字，另外取了一个"章武"。章武者，彰显武功从而兴复汉室的祖业也。

· 方北辰说三国 ·

《吕布：汉末政坛的狂舞者》

《袁绍：群雄盟主的伤心泪》

《刘备："常败"英雄的帝王路》

《曹丕：文豪天子的清平调》

《孙权：半生明主的长恨歌》

《陆逊：江东名将的风云录》

《司马懿：无敌忍者的破阵曲》

责任编辑：袁乐琼
装帧设计：王楠莹
技术编辑：耿莹祎

三国英豪的表演大会
三国历史的趣味读本
三国文化的知识窗口

　　父丧兄亡，临危继位的少年君主，面对群臣欲离、山越反
叛等种种危机，力挽狂澜，联刘抗曹，败曹公于赤壁，独霸荆
扬，破蜀主于夷陵，令曹公感慨"生子当如孙仲谋"！半生审
时度势，纵横捭阖，终成三国大戏的一位主角，其振兴江南的
丰功伟业当为后人铭记。然其晚年却刚愎自用、打压贤臣，亲
手种下东吴覆亡的巨大祸根，孙权的转变，实际体现着皇权与
豪强的纠缠斗争。"半生明主的长恨歌"，怎不令人哀叹！

抱朴

上架建议：中国史

ISBN 978-7-5732-1136-1

9 787573 211361 >

定价：58.00元
易文网：www.ewen.co